변화를 이끌어내는 질문의 힘

KAKUSHINTEKINA KAISHA NO SHITSUMONRYOKU written by Shinsei Kawada.
Copyright ©2017 by Shinsei Kawada. All rights reserved.
Originally published in Japan by Nikkei Business Publications, Inc.
Korean translation rights arranged with Nikkei Business Publications, Inc.
through Tuttle-Mori Agency, Inc., Tokyo and YuRiJang Agency, Korea.

이 책의 한국어판 저작권은 유리장에이전시를 통해
저작권자와 독점 계약한 (주)북새통·토트출판사에 있습니다.
저작권법에 의해 한국 내에서 보호를 받는 저작물이므로
무단 전재 및 복제를 금합니다.

변화를 이끌어내는
질문의 힘

질문력
質問力

카와다 신세이 지음
한은미 옮김

| 머리말 |

지금,
변화가 필요한
당신에게

이 책을 선택해주신 독자 여러분께 감사의 말씀을 드립니다. 저는 '질문 컨설턴트'인 카와다 신세이입니다. 기업가와 중소기업인, 조직의 팀 리더, 또는 그곳에서 일하는 직원들에게 '질문하는 일'이 저의 주된 업무입니다.

제가 개입함으로써 고객이 늘고 새로운 상품이나 서비스가 개발되기도 하며, 매출이 올라 사내 분위기가 좋아지고 직원들의 사기가 진작되는 등 회사 내에 다양한 변화가 일어나 실적이 개선되고 있습니다.

가르치지 않고 오로지 '질문'만 반복한다

제가 하는 일은 단지 '질문'을 하는 것입니다. '이렇게 하는 것이 좋겠다' 식의 충고나 무언가를 가르치는 일은 일절 하지 않습니다.

일반적으로 '컨설턴트'라 불리는 사람들은 고객의 고민과 니즈를 해결하기 위해 독자적인 노하우를 가르치거나 전략을 전수 또는 지도하는 것이 일반적입니다. 하지만 저는 오로지 '질문'만 할 뿐입니다. 상대방의 대답을 듣고 또다시 '질문'을 합니다. 이 과정을 계속 반복하는 것이죠.

가령 면담시간이 한 시간일 경우, 그 대부분의 시간은 상대방의 말을 듣습니다. 제가 "요즘 하시는 일은 좀 어떠세요? 무슨 고민은 없으세요?"라고 말을 꺼내면, 그것이 도화선이 되어 상대가 말을 시작하면 중간 중간에 "그것은 무엇이 원인인 것 같으세요?" 등으로 네다섯 가지의 '질문'을 합니다. 그러면 그들은 스스로 고민과 불안감을 털어놓게 되고 그 해결책까지 스스로의 힘으로 찾아가게 됩니다.

이런 이야기를 하다보면 "그런 일도 사업이 될 수 있나요?"라는 말을 종종 듣습니다. 아무것도 안 하고 그저 질문만 반복한다는 이 일에 대해 많은 사람들이 반신반의하는 것도 무리는 아닐 것입니다. 하지만 걱정하실 필요는 없습니다. '질문'을 던지는 것만으로도 고객에게는 분명 큰 변화와 혁신이 일어나니까요.

제 고객 중에는 컨설팅을 받은 지 6개월이 채 되지 않았는데 매출이 무려 4배나 오른 기업도 있습니다. 아무것도 가르쳐주지 않고 단지 질문을 했을 뿐인데, 저도 깜짝 놀랄 만큼 엄청난 변화가 일어난 것입니다.

단지 질문만 했을 뿐인데 그런 성과를 얻고 보니, 질문의 힘이 얼마나 큰 것인지 새삼 느끼게 됩니다.

변화의 시대, 대답은 자기 '안'에 있다

'질문'에 어떻게 그런 엄청난 '힘'이 있을 수 있는 걸까요?

일을 하기 위해서는 항상 '생각'하고 '행동'해야 합니다. 당면한 문제와 목표를 설정하고 해결책을 강구해서 실행하는 일의 반복으로 일은 진척되어 갑니다. 그때 필요한 '생각 정리'와 '새로운 아이디어 구상' 그리고 '의욕'을 불러일으키는 계기가 되는 것이 바로 질문인 것입니다.

여러분이 어떤 일로 고민을 할 때 책을 읽거나 세미나에 참석하고 컨설턴트로부터 다른 회사의 성공 사례나 새로운 발상법을 배워서 '힌트'를 얻는 일은 가능합니다. 하지만 그것은 어디까지나 힌트일 뿐 '해답'은 되지 못합니다.

지금 여러분에게 필요한 해답은 오로지 여러분에게만 있습니다. 왜냐하면 사람마다 경영환경이나 자원, 개성이 제각기 다르기 때문에 다른 사람의 성공법칙이 그대로 여러분에게 적용되리라는 법은 없기 때문입니다.

힌트를 얻어서 어떤 생각을 하고 어떻게 행동할지는 여러분이 결정하기 때문에 해답은 여러분 안에 있다는 것이지요.

게다가 지금은 경영환경이나 소비자의식 등 변화가 격심한 시대이기 때문에 어제까지 통용되던 '정답'이 오늘도 내일도 통용되리라는 법은 없습니다. 과거의 성공 경험이나 상식에 사로잡히지 말고

'지금' 통용되는 '정답'을 도출해낼 필요가 있습니다.

그래서 더욱 자신 안에 있는 답을 이끌어내는 '질문'이 중요해지는 것입니다. 여러분은 이미 답을 알고 있습니다. 단지 지금은 그 사실을 모르고 있을 뿐입니다.

인간은 양질(良質)의 좋은 질문을 받게 되면 자동적으로 답을 탐색하게 되어 마침내 자신 '안'에 있는 해답에 자연스럽게 도달하게 됩니다.

상대방에게 도움이 되는 '양질의 질문'을 하라

'질문'에는 여러 종류가 있습니다. 상대방으로 하여금 정답을 맞히도록 유도하는 '퀴즈'도 질문입니다. 모르는 사실을 상대에게 물어보기 위한 '의문(疑問)'이나 상대방의 진의를 파악하기 위한 '심문(審問)'도 질문의 한 종류라 할 수 있습니다. 또한 "잘 지내고 계신가요?" 식의 특별한 의미를 갖지 않는 '인사형 질문'도 있습니다.

저는 상대방에게 도움이 되는 양질(良質)의 질문을 '질문'으로 정의하고 있으며, 그 외의 질문과는 구별해서 사용하고 있습니다.

저와 첫 대면에서 이렇게 말하는 기업의 대표나 간부들이 종종 있습니다. "질문이라면 저도 자신이 있습니다. 평소에도 부하 직원들에게 교육의 일환으로 질문을 생활화하고 있거든요"라며 의기양양하게 대답합니다. 그러면 제가 "어떤 질문을 하고 계신가요?"라고 물어봅니다. 그들의 얘기를 들어보면 보면 대부분 '의문'이나 '퀴즈' 형식의 질문인 것을 알 수 있습니다.

이 책을 통해서 제가 여러분에게 권하는 '질문'은 상대가 본디 지니고 있는 능력을 끄집어내서 성장으로 연결시키는 질문을 말합니다. '질문'을 하게 되면 자신의 머리로 생각하는 계기가 되어 생각을 정리하게 되기도 하고, 생각지도 못한 많은 깨달음을 얻게 되면서 새로운 발상이 떠오르게 됩니다. 이런 다양한 깨달음들이 화학반응을 일으켜서 창조적인 아이디어와 과제 해결 능력으로 이끌어주는 것입니다.

질문은 무력감과 막막함을 해소해준다

오늘날의 직장인들은 이유를 알 수 없는 무력감이나 막막함에 사로잡혀 있습니다. 몸으로 비유하자면, 딱히 머리나 허리처럼 특정 부위가 아픈 것도 아닌데 왠지 온몸이 무겁고 나른한 느낌 같은 것이겠지요.

뭔가 변화가 필요하다는 것은 알고 있지만, 이것을 어떻게 바꿔나가야 할지 모르는 막막한 상태는 실로 고통스러운 일이 아닐 수 없습니다.

그럴 때 필요한 것은 '잠시 멈추어 서는 것'입니다. 계속 달리다보면 깨닫지 못하는 것들이 있습니다. 또한 일을 하는 데 있어서 타성이 붙게 되면 옳고 그른 것에 대한 판단력도 떨어지게 됩니다. 거듭 강조하지만, 오늘날 우리는 과거의 성공 법칙이나 상식이 통용되지 않는 격변의 시대에 살고 있습니다. 따라서 가끔은 멈추어 서서 주변을 둘러보고 낮은 자세로 최선이 무엇인지 점검해볼 필요가 있습니다. 이때 효과적인 것이 '질문'입니다.

자신이 지금까지 당연시해 왔던 것을 관점을 바꾸어서 재검토하는 것은 쉬운 일이 아닙니다. 하지만 질문을 하게 되면 지금까지 생각하지 못했던 것을 생각하게 되고, 그리하여 자기 머릿속을 정리하는 계기가 됩니다.

또한 자신뿐 아니라 부하 직원에게도 질문을 해서, 상사가 생각한 것을 부하 직원을 시켜 행동하게 하는 이른바 '톱다운(Top-down)' 방식에서 모든 사원이 함께 생각하고 행동하는 버텀업(Buttom-up) 방식의 경영으로 이행할 수 있게 됩니다. 그렇게 되면 사원들은 위로부터 강요받는 느낌도 없어지고 자발적이 되어 그동안 느껴왔던 막막함도 자연스럽게 사라지게 됩니다.

그렇다면 '질문'이란 것이 구체적으로 무엇을 말하는지 궁금해 하실 여러분께 소개를 해보면,

- 자기 자신에 대한 질문력을 높이는 법
- 자발적으로 생각하고 행동하는 부하 직원으로 키우는 질문법
- 회의를 혁신적으로 바꾸어줄 질문 아이디어 회의 방법
- 고객의 제품 관심도를 자연스럽게 높여주는 질문

이러한 것들을 차례로 전달하는 것입니다.

이 책에서는 필자가 실제로 비즈니스 현장에서 효과가 있었던 질

문뿐 아니라 질문을 통한 효과를 창출해내기 위해 필요한 마음가짐까지도 다루고 있습니다. 다시 말해서 이 책은 여러분이 사물에 대해 깊이 생각하게 만들어서 지금 필요한 변화를 추구해나가기 위한 교과서 역할을 해줄 것으로 믿어 의심치 않습니다.

이 책을 한 번으로 끝내지 말고 본문 내용을 실천에 옮기면서 여러 번 정독해 주십시오. 그러면 그때마다 새로운 것을 발견하게 될 것입니다. 급격한 변화는 그만큼 급격하게 원상태로 돌아갈 가능성이 크다고 할 수 있습니다. 질문력을 완전히 숙지하는 데는 시간이 걸리겠지만 시간을 두고 꾸준히 실천해보시기 바랍니다.

이 책을 통해서 소소한 테크닉을 얻기보다는 경영체질을 변화시킨다는 생각으로 읽어주실 것을 권합니다.

질문의 세계에 오신 것을 환영합니다!

- 카와다 신세이

차례

| 머리말 |
지금, 변화가 필요한 당신에게 4

1장) 질문의 힘

'질문'은 자신과 주변 사람을 변화시키기 위해 '지금, 필요한 답'을 이끌어 내는 힘을 갖고 있다. 이 장에서는 질문의 정의와 질문을 하는 사람에게 꼭 필요한 몇 가지 약속에 대해서 설명하고 있다.

좋은 질문은 단순하고 유쾌하다 … 28
질문에는 여섯 종류가 있다 … 31
주변을 바꾸는 것보다 자신을 바꾸는 것이 더 쉽다 … 36
창조에 필요한 '지금 갖추어야 할 세 가지 능력' … 39
고객을 늘리기 위한 깨달음 … 40
혁신적 아이디어는 '엉뚱한 회의'에서 탄생한다 … 42
시시한 아이디어에서 고객 서비스를 재발견하다 … 44

2장) 일곱 가지 질문 마인드

'질문'은 누가, 어떤 마인드로 하느냐에 따라 효과가 크게 달라진다. 이 장에서는 반드시 알아야 할 '질문 마인드'를 소개하고 있다. 앞으로 살아갈 세상에서 매우 중요한 마인드라 할 수 있다.

꼭 익혀야 할 일곱 가지 질문 마인드 … 49
매출 순위 970위 점포를 반년 만에 전국 1위로 만들다 … 54
인간은 고통을 통해서 비로소 성장한다 … 56
'사랑의 선택'을 위한 에너지를 축적하라 … 59
'사랑의 선택'을 하면 스트레스가 쌓이지 않는다 … 66

Column ● 내 삶을 바꾼 두 개의 질문 … 70

3장 스스로에게 질문하기

질문은 상대가 있어야 성립된다고 생각하기 쉽지만 사실 우리는 평소에 수많은 질문을 스스로에게 던지고 있다. 스스로에게 질문하는 능력이 발전하면 사고가 더욱 깊어지고 창의력과 과제 해결 능력도 현저히 향상되어 업무 능력에도 큰 변화가 생긴다.

관습에 얽매인 '사고 습관'을 바로잡아라 … 81
자유로운 발상 확장을 위한 다섯 가지 '자기질문' 요령 … 83
습관화하면 좋은 일곱 가지 '자기질문' … 87
'나 홀로 회의'를 하자 … 96

4장 부하 직원에게 질문하기

상사라면 누구나 부하 직원에게 바라는 것이 있다. 일을 의욕적으로 하면서 일일이 지시하지 않아도 자발적으로 척척 업무처리를 해서 성과를 내주기를 바란다. 어떻게 하면 그런 이상적인 상황을 만들 수 있을까? 이 장에서는 부하직원과의 관계를 극적으로 변화시키는 질문에 대해 알아보기로 하겠다.

진정한 리더십이란 무엇인가 … 126
부하 직원을 '우리 안의 호랑이'로 만들고 있는 것은 아닌가? … 127
'답'은 부하 직원이 갖고 있다 … 128
'부하 직원의 능력을 이끌어내는 질문' 여섯 가지 … 131
'부하 직원의 능력을 이끌어내는 질문'을 목적별로 활용하자 … 137
'부하 직원에게 질문하기', 이럴 때는 어떻게 할까? … 146

5장 회의에서 질문하기

회의는 잘나가는 사람의 독무대이거나 그저 연락사항이나 보고의 장이 되기 일쑤이고, 화제가 옆길로 샐라치면 아무런 성과 없이 질책만 당하고 끝나버리기도 한다. 하지만 회의에 질문을 도입하면 이런 불만들이 깨끗이 해결된다. 직원들 간의 의견 교환이 활발해져서 단시간 내에 결론에 도달할 수 있게 되기 때문이다.

회사원들이 '회의'를 싫어하는 이유 … 152
질문 아이디어 회의의 네 가지 장점 … 154
질문 아이디어 회의의 네 가지 규칙 … 155
회의의 승부는 사전 준비로 결정된다 … 156
질문 아이디어 회의 방식 … 162

6장 고객에게 질문하기

질문을 능숙하게 잘할 수 있게 되면 힘들여 팔지 않아도 팔리는 '영업 능력'과 숨겨진 니즈를 발굴해내는 '기획력'이 생기고, 마침내는 고객의 신뢰를 얻어 '고객이 필요로 하는 만족도 높은 상품'을 만들어내는 능력이 생긴다.

상담 성사율이 100%인 이유 … 186
고객은 '물건을 사고 싶은 것'이 아니라 '문제를 해결하고 싶은 것' … 188
고객이 원하는 것을 물어보는 것이 '질문력'이다 … 189
'고객에게 질문하기' 여섯 가지 다짐 … 191
답은 고객이 갖고 있다 … 210

| 맺는 말 | … 212

"경영이란 자신이 하는 일에
'질문'을 던지는 것이다."

스티브 잡스

Steve Jobs 애플 창립자

애플의 창립자 스티브 잡스는 어떤 일을 할 때마다 항상 똑같은 질문을 던지곤 했다고 말한다.
"그 일을 왜 하는가?"
그럴 때마다 그에게 돌아오는 대답은 항상 똑같았다.
"원래 그렇게 하는 거야."
지금껏 그래왔으니 계속 그렇게 한다는 얘기다.
그는 그들의 이야기를 받아들이지 않았다.
어제도 그랬고 그제도 그랬으니 오늘이나 내일도 그래야 한다면 진짜 경영자가 될 수 없다고 생각했다.

경영에 대한 전문적인 교육을 받지 않은 스티브 잡스가 회사를 운영하는 법을 깨우친 방법은 바로 '질문'이었다. 많은 질문을 던지고, 고민하고, 열심히 일할 각오만 되어 있다면 경영은 금방 깨우칠 수 있다고 그는 조언한다. 당신이 걸출한 천재가 아니라도 어렵지 않게 경영을 배울 수 있다고 말하며 그 또한 그것을 실천했다.

"과거의 리더는 말하는 리더였지만
미래의 리더는
질문하는 리더가 될 것이다."

피터 드러커

Peter Ferdinand Drucker 미국의 경영학자

현대 경영학의 아버지 피터 드러커는 질문의 대가였다. 자신의 역할을 '경영에 대해 올바른 질문을 하는 사람'이라고 말했을 정도로 질문을 중요하게 여겼다. 그는 "나는 죽은 후에 사람들에게 어떻게 기억되기를 바라는가"라는 질문을 평생 안고 살며 경영자로서 또한 인간으로서 자신을 추슬렀다.

그는 경영자들에게 주는 의미심장한 질문들을 남겼는데, 성공적인 리더는 "내가 하고자 하는 일은 무엇인가"라고 묻는 대신 "마땅히 해야 할 일은 무엇인가"라고 질문해야 한다고 했다. 그리고 "과거의 리더는 말하는 리더였지만 미래의 리더는 질문하는 리더가 될 것"이라고 말했다.

피터 드러커는 『경영의 실제』에서 다음과 같은 질문을 던져 경영자의 역할에 대해 경종을 울렸다.

1. 우리의 사업은 무엇인가?
2. 우리의 고객은 누구인가?
3. 우리의 고객이 가장 가치 있게 생각하는 것은 무엇인가?
4. 우리의 사업은 어떻게 될 것인가?
5. 우리의 사업은 어떻게 되어야 하는가?

"경영은 아주 단순한 게임이다.
다섯 가지 질문에만
올바르게 대답할 수 있다면
누구나 사업을 성공적으로 이끌 수 있다."

잭 웰치

John Frances Welch Jr GE 최고경영자

GE의 최고경영자 잭 웰치는 피터 드러커에게 지대한 영향을 받았다고 스스로 밝히고 있다. 그는 자신의 성공 비결로 피터 드러커의 두 가지 질문을 꼽았다.

1. 당신이 현재 그 사업을 하고 있지 않다면 지금이라도 그 사업에 뛰어들 의향이 있습니까?
2. 그 사업을 어떻게 할 생각입니까?

이 두 개의 질문을 받은 잭 웰치는 수익성 없는 사업을 정리했고, 이후 GE의 기업 가치를 폭발적으로 향상시켰다. 또한 그는 경영은 아주 단순한 게임이며 다섯 가지 질문에만 올바르게 대답할 수 있다면 누구나 사업을 성공적으로 이끌 수 있다고 말했다.

1. 경쟁구도는?
2. 이 경쟁구도를 바꾸기 위해 경쟁사는 지난 1년 동안 무슨 일을 했는가?
3. 지난 1년 동안 우리는 무엇을 했는가?
4. 이 경쟁구도를 바꾸기 위해 경쟁사들이 어떤 태도를 취할 때 가장 두려워지는가?
5. 우리는 어떻게 이 경쟁구도를 바꿀 것인가?

"다섯 번 '왜?'
라는 질문을 해보라."

조 후지오
Cho Fujio 토요타자동차 회장

질문의 중요성을 강조한 대표적인 인물로 토요타자동차 조 후지오 회장을 들 수 있다. 그는 직원들에게 "다섯 번 '왜?'라는 질문을 해보라"고 조언한다. 그 역시 끝없이 질문을 이어가며 답변을 찾는 과정에서 토요타를 세계적인 기업으로 성장시켰다.

현장의 말단직 사원에게 "자네는 왜 이 일을 하고 있나?"라고 물어보라. 만약 그 사원이 다섯 번이나 '왜?'라는 질문에 연속적으로 대답할 수 있다면 당신의 회사는 분명 훌륭한 회사일 것이다.

"이 아이디어가
우리를 성장하게 합니까?"

마크 저커버그
Mark Elliot Zuckerberg 페이스북 창립자

페이스북의 창립자 마크 저커버그는 누군가 돈이 될 만한 아이디어를 갖고 오면 항상 이렇게 묻곤 했다.

"이 아이디어가 우리를 성장하게 합니까?"

이 질문에 제대로 된 대답을 내놓지 않으면 그는 전혀 관심을 보이지 않았다. 그는 모든 결정의 기반을 '성장'에 두었기 때문이다. 때문에 페이스북 직원들은 너나할 것 없이 '이 아이디어가 우리를 성장하게 하는가?' 하는 질문의 토대 위에서 일한다. 이것이 바로 페이스북이 단시간 내에 폭발적인 성장을 거듭하고 있는 이유다.

"이 사람을 고용함으로써
회사의 수준이 향상될 것인가?"

제프 베조스

Jeffrey Preston Bezos 아마존 창립자

아마존의 성공 요인 중 으뜸으로 꼽히는 것이 바로 직원 고용기준을 높이 적용한 것이라고 한다. 실제로 아마존의 창립자이며 최고경영자인 제프 베조스는 자신의 연간 기업 보고서에 다음과 같이 밝힘으로써 직원 고용에 신중을 기하기 위해 질문을 활용하고 있음을 시사했다.

채용 면접을 하는 동안 우리 직원들은 결정을 내리기 전에 다음과 같은 세 가지 질문을 숙고하게 되어 있습니다.

1. 당신은 이 사람을 존경할 수 있는가?
2. 이 사람을 고용함으로써 회사의 수준이 향상될 것인가?
3. 이 사람은 한 분야의 슈퍼스타가 될 수 있겠는가?

1장

질문의 힘

'질문'은 자신과 주변 사람을 변화시키기 위해 '지금, 필요한 답'을 이끌어내는 힘을 갖고 있다. 이 장에서는 질문의 정의와 질문을 하는 사람에게 꼭 필요한 몇 가지 약속에 대해서 설명하고 있다.

좋은 질문은 단순하고 유쾌하다

좋은 질문에는 힘이 있다. 또한 단순하고 유쾌하다. 지금까지 어렵게만 생각했던 것이 무척 단순하게 진행될 수도 있다. 먼저 사례를 통해 질문의 힘과 효과에 대해서 알아보자.

질문의 3가지 힘

❶ 사고(思考)의 스위치를 켜게 한다.
❷ 보이지 않았던 것이 보이고, 지금 해야 할 일이 무엇인지 깨닫게 된다.
❸ 지금 필요한 답을 이끌어낸다.

> **질문의 힘 ①**

사고(思考)의 스위치를 켜게 한다

좋은 질문은 당신이 지금까지 생각해보지 않았던 것을 생각하게 만든다. 즉, 사고의 스위치를 켜게 한다. 그 결과, 새로운 깨달음이 생기고 혁신적인 아이디어와 해결책이 생긴다.

지방의 작은 역 부근에 부모와 딸, 셋이서 경영하는 채소가게가 있었다. 꽤 알차게 가게를 꾸려가고 있었는데, 몇 년 전 인근에 대형마트가 들어서는 바람에 6개월 사이에 매출이 3분의 1로 뚝 떨어졌다. 그대로 가다가는 가게 문을 닫게 될 상황에 이르렀을 즈음에 그 가게 주인집 딸을 만나게 된 필자는 다음과 같은 질문을 던졌다.

Q. 고객들이 즐거운 마음으로 가게를 찾게 하려면 어떻게 해야 할까요?

필자는 그녀에게 '이 질문에 대해서 온가족이 머리를 맞대고 고민하고, 또 스스로에게도 여러 번 질문을 던져서 진지하게 답을 찾기 바란다, 답을 찾게 되면 그 아이디어를 곧바로 실행에 옮기기 바란다, 그렇게 하면 반드시 매상이 오를 것이다'라는 말을 전했다.

그랬더니 가게 주인아저씨는 채소 본연의 맛을 사람들에게 알리고 싶다면서 가격이 비싸도 질이 좋은 채소를 사서, 혼자 사는 사람들도 쉽게 이용할 수 있도록 채소를 작게 잘라서 판매하고, 그 외에도 찌개 전용, 볶음 전용 등 용도별로 분류해서 판매하기 시작했다.

주인아주머니는 예전보다 고객과의 수다(커뮤니케이션)에 더 공을

들이게 되었고, '모든 고객을 친구로~'를 목표로 고객들의 작은 변화 하나도 놓치지 않고 화제에 올려서 함께 웃고, 또 고민이 있으면 함께 아파하면서 마음을 나누었다. 단순히 돈과 상품을 교환하는 '거래'의 관계에서 '마음으로 이어지는 관계'를 목표로 삼은 것이다.

요리에 자신 있는 딸은 제철 채소를 맛있게 먹는 방법을 알리기 위해 신문을 만들어서 가게에 두고 무료로 배포했다. 채소를 맛있게 먹는 포인트 등을 쓴 문구를 POP(Point Of Purchase 구매 시점 광고를 말하는 것으로, 매장을 찾아온 손님에게 즉석에서 호소하는 광고를 말한다) 형식으로 잘 활용했고, 채소를 싫어하는 아이들을 위한 메뉴를 고안하는 것은 물론, 요리교실을 열어 직접 요리법을 전수하거나 채소의 매력에 대해 알리는 일을 꾸준히 해나갔다.

그 결과 6개월이 채 되지 않아 고객들이 다시 돌아왔을 뿐 아니라, 이전보다 더 열성적인 팬 층이 생기면서 대형마트가 생기기 전보다 매출이 더 늘어났다.

'매출이 많이 떨어졌어, 이대로 가다가는 가게 문을 닫게 생겼어'라고 계속 고민만 했다면 문제 해결이 어려웠을 것이다. '좋은 질문'과 진지하게 마주함으로써 가족 모두가 제각기 아이디어를 짜내고 고객들로부터 힌트를 이끌어내 스스로 과제를 해결할 수 있었던 것이다.

질문은 이렇듯 '사고의 스위치'를 켜게 만들어서 자기 안에 있는 답을 이끌어 내준다.

질문에는 여섯 종류가 있다

'서문'에서도 밝혔듯이 질문에는 여러 종류가 있다. 그 중에서도 '질문을 받은 사람에게 도움이 되도록 창조적인 답을 이끌어내는 것'을 '질문'이라고 정의하면서 여타 다른 질문들과 구별하고 있다.

이번에는 질문의 종류에 대해서 정리해보기로 하자.

◆ 질문

'지금 가능한 일이 있다면 무엇인가?'라는 식으로 상대방에게 질문을 던져서 창조적인 답을 이끌어내는 질문을 말한다. 답은 하나가 아니라 여러 가지가 있을 수 있다.

◆ 인사성 질문

인사성 질문은 "잘 지내고 계시죠?"처럼 상대방과 커뮤니케이션을 시작하는 실마리를 잡는 것이다. 이 인사성 질문은 질문 자체에 그리 큰 의미는 없지만 상대방과의 거리를 좁혀주는 효과가 있다.

◆ 의문식 질문

의문은 "이것이 틀림없지?"처럼 질문하는 쪽이 의심스럽게 생각하는 것을 확인하기 위해 던지는 질문이다.

◆ 퀴즈식 질문

퀴즈란 질문하는 쪽이 정답을 갖고 있고, 그것을 상대방이 맞추도록 하는 것을 말한다. 답은 하나밖에 없다. "어떻게 하면 좋을까?"라는 질문을 던진 후에 "아니야, 그게 아니고……" 하는 식으로 질문하는 측이 정답을 갖고 있으면서 정답을 유도하는 것이다. 이 경우, 상대방은 대답하는 것이 점점 싫어진다는 단점이 있다.

◆ 명령식 질문

"이것을 기일까지 꼭 받을 수 있는 거죠?"라는 식으로 일견 상대방에게 질문하는 것처럼 보이지만 실제로는 명령조의 질문 형식이다. 그런 질문을 받는 상대는 "네, 약속 지키겠습니다"라는 말을 할 수밖에 없게 된다. 단, 상대가 속으로 반발심을 느낄 수 있다.

◆ 심문·힐난식 질문

"왜 그거 안 했어요?", "왜 늦었어요?"라는 식으로 '왜?', '어째서?'처럼 상대를 추궁하는 질문이 '심문식 질문'이다. 이 질문은 상대방에 대한 공격이 목적인 경우가 많고, 나아가 공격의 정도가 심해지면 '힐난식 질문'이 된다.

이렇듯 우리가 일반적으로 사람들과의 커뮤니케이션을 하면서 던지게 되는 '질문'은 크게 여섯 종류로 분류할 수 있다. 상대방의 깨달음을 이끌어내는 것으로 이어지는 것이 '질문'이고, 자신을 위한 질문이 되는 것이 그 외의 질문들이다. 이렇게 정리해놓고 보면 똑같은 '질문'이라도 큰 차이가 있다는 것을 알 수 있다.

여기서 주의해야 할 것은, 말의 문맥은 '질문'이라 할지라도 질문할 때의 말투나 어조, 타이밍, 상황 또는 질문자의 태도에 따라서 상대방에게 '퀴즈', '명령' 혹은 '심문'으로 받아들여지는 경우도 있다는 것이다.

그런 상황이 되지 않기 위해서는 어떻게 해야 할까? 자세한 것은 다음 장, '일곱 가지 질문 마인드'에서 설명하기로 하겠다.

내가 던지는 질문은 앞의 여섯 종류 중에서 어느 것에 해당되는가? 그 질문은 온전히 상대방을 위한 것인가? 질문을 할 때 이 두 가지 점을 의식하면서 신경을 쓴다면 질문력이 날로 향상될 것이다.

질문의 힘 ②
보이지 않았던 것이 보이고, 지금 해야 할 일이 무엇인지 깨닫게 된다

질문을 하는 것도, 질문에 답하는 것도 말이 쉽지 하루아침에 완벽하게 되는 것은 아니다. 운동에서 앞뒤로 반복 뛰기처럼 앞으로 갔다가 다시 제자리로 돌아오기를 여러 차례 반복하는 동안에 점점 능숙해지는 것이다. 그러다 보면 비즈니스와 인간관계가 원만해지고 직원들도 조금씩 성장하게 된다.

질문의 종류 및 특성

종류	목적	상대방의 반응	누구를 위한 것인가?
질문	상대방이 생각할 계기를 마련해준다. 예 지금, 가능한 일은 무엇인가?	깨달음이 있는 대답	상대방을 위함
인사성 질문	커뮤니케이션의 계기가 된다. 예 요즘 어떻게 지내세요?	대답, 반추	자신을 위함
의문식 질문	질문하는 측이 자신이 알고 싶은 것을 묻는다. 예 이것이 틀림없나요?	회답	자신을 위함
퀴즈식 질문	상대방의 지식 정도를 시험한다. 예 진정한 영업은 무엇이라고 생각하나요?	정답 또는 오답	자신을 위함
명령식 질문	답을 강요한다. 예 기일 안에 꼭 해주실 거죠?	복종 또는 반발	자신을 위함
심문·힐난식 질문	상대방의 잘못을 추궁한다. 예 왜 실수를 한 거지?	변명	자신을 위함

질문 방식에 대해 일체 부정하는 한 기업가가 있었다.

"질문이라고요? 그런 것으로 기업은 변하지 않아요. 자고로 컨설팅이라는 것은 기업에게 문제의 해결책을 알려주고 앞으로 나아갈 방향을 제시해 주어야 하는 것이지요. 질문 같은 태평한 소리를 할 때가 아니에요."

이렇게 강한 어조로 말했던 그와 함께 식사를 할 기회가 있었는데, "최근에 딸 때문에 골치가 아파요"라고 고민을 털어놓았다. 어릴 때부터 계속 발레를 시켰고 장래에 발레리나가 되기 위해 대학도 그 길로 진학하기로 약속했던 딸이 졸업을 한 해 앞두고 갑자기 학교에 안 가기 시작했다는 것이다. 이대로 계속 결석을 하면 출석일수가 부족해서 졸업도 할 수 없게 되니 어떻게든 학교에 보냈으면 좋겠는데 방법이 없겠냐고 물어왔다.

그래서 나는 그분께 몇 가지 질문을 했다.

"왜 따님은 발레 하는 것이 더 이상 즐겁지 않다고 느꼈을까요?"
"사장님과 사모님은 따님께 무엇을 기대하고 계신가요?"
"사장님은 진정으로 일이 즐겁다고 느끼시는 때는 언제인가요?"
"어떻게 하면 따님이 다시 발레를 즐겁게 할 수 있게 될 거라고 생각하십니까?"

이 질문에 대답을 하는 동안에 어렴풋이나마 문제의 윤곽이 잡혔다. 즉, 문제의 요지는 이런 것이었다.

'처음에 발레를 접했을 때는 재미있어서 시작을 했는데, 어느 사이엔가 부모의 기대에 부응해야 한다는 부담감 때문에 발레를 하는 것이 점점 고통스러워진 것은 아닐까?'

이렇게 스스로 답을 찾아낸 것이다.

그래서 집에 돌아가자마자 딸에게 "혹시 엄마 아빠를 위해서 발레를 하는 거였어?"라고 물어보았다고 한다.

그랬더니 딸에게서 "그걸 이제야 알았어요?"라는 답이 돌아왔다고 한다.

그래서 그는 딸에게 "이제 엄마 아빠는 신경 쓰지 않을 테니 네가 좋을 대로 해, 발레가 하기 싫으면 그만둬도 되고 상을 받으라고 강요도 안 할게"라고 말해주었다.

딸은 잠시 생각을 해보더니 "그래도 역시 발레가 좋으니까 열심히 해볼게요!"라며 다시 학교에 나가기 시작했고, 마침내 장래에 발레리나가 되고 싶다는 꿈을 피력했다고 한다.

그 후에 그는 부인과 함께 감사인사를 전하러 와서는 "질문의 힘이라는 것이 생각보다 대단하군요!"라는 말을 하는 바람에 필자가 오히려 민망할 지경이었다.

이분은 질문에 답을 하는 동안에, 그동안 자신도 모르는 사이에 상대방의 기분을 생각하지 않고 한쪽으로 치우친 가치관으로 상대를 옭아매려 했던 사실을 깨닫게 된 것이다. 이런 일은 직장 상사와 부하 직원 사이에서도 종종 일어난다.

이렇듯 질문에 답을 하는 것만으로도 지금까지 자신에게 보이지 않았던 것이 비로소 보이게 되고 나아가서 지금 해야 할 일이 무엇인지를 자연스럽게 깨닫게 된다.

주변을 바꾸는 것보다 자신을 바꾸는 것이 더 쉽다

일반적으로 경영인과 팀의 리더들은 자신의 가치관을 바꾸기가 그리 쉽지가 않다. '내가 변해야 상대방도 변한다'는 사실을 알고는 있지만, 자존심 때문에 또는 과거의 성공 경험에 집착해서, 심지어 자신의 존재감이 부정되는 것이 두려워서 문제의 원인을 부하 직원이나 고객 또는 경제 현실이나 경기(景氣) 등에서 찾으려는 경향이 있다.

하지만 문제의 원인을 직원이나 경기 탓으로 돌린다 해도 해결되는 것은 아무것도 없다. 중요한 것은 문제의 원인을 환경이나 남의 탓으로 돌릴 것이 아니라, 지금 자신이 할 수 있는 것이 무엇인지를 생각해서 행동하는 것이다.

가령 축구 시합을 예로 들어보자. 여러분이 축구선수라고 가정해 보자. 누구나 골을 멋들어지게 넣어서 활약을 하고 싶을 것이다. 하지만 그 바람과는 별개로 스스로가 컨트롤할 수 있는 부분과 그렇지 않은 부분이 있게 마련이다.

즉, 상대편 선수와 같은 편 선수들의 움직임, 공의 방향, 날씨, 잔디의 상태, 심판의 공정성, 관객들의 성원과 시간, 연습량 등 시합에서 뛰는 본인이 컨트롤 할 수 없는 것들에 의해 시합의 결과는 달라진다. 간절히 원해도, 아무리 안타까워도 이 모든 것에 맡기는 수밖에 없다. 하지만 자신이 컨트롤할 수 있는 것도 있다.

바로 '자신', '지금', '여기'의 세 가지다.

다시 말해서, 직원들과 경영 환경은 아무리 바꾸려 해도, 또 컨트롤하려 해도 쉽지가 않다. 여러분이 할 수 있는 것은 단지 일에 관여하는 태도를 바꾸어 영향을 미치는 것뿐이다. 질문에는 지금의 자신에게는 보이지 않는 것을 깨닫게 하는 힘이 있다. 변할 수 없는 것을 바꾸려 하지 말고, 자신과 마주하는 것부터 시작해보자.

> **질문의 힘 ③**

지금 필요한 답을 이끌어낸다

시대는 지금 거역할 수 없는 변화의 한가운데 있다. 많은 업계에서는 지금까지의 방식이 통용되지 않고, 잘 팔리던 것이 더 이상 팔리지 않는 상황이 속속 벌어지고 있다.

고도성장의 시대에는 물건을 만들어내면 팔리기 때문에, '24시간 싸울 준비가 되어 있는가?' 하는 준비 태세를 갖추고 시간과 에너지를 쏟아 부어 시간당 생산 효율성을 높임으로써 매출을 신장시킬 수 있었다. 하지만 지금은 기업 간의 경쟁이 글로벌화되어 시장에 유사상품이 넘쳐나고, 소비자의식도 변해서 아무리 생산성을 높여도 물건 자체가 팔리지 않는 시대가 되었다.

이렇게 '물건이 팔리지 않는 시대'에는 무언가를 바꿀 필요가 있다. 그것이 판매 방식이건, 진열방식 또는 상품 자체가 되었건 간에 말이다.

'어떻게 하면 고객을 만족시킬 수 있을까?'를 고민해서 새로운 것을 '창조(create)'해나가는 것이 지금의 시대에는 필수적인 요소가 되었다.

창조에 필요한 '지금 갖추어야 할 세 가지 능력'

실제로 잘나가는 기업들을 살펴보면 모두 '혁신적'이라는 공통점이 있다. 직원들의 사기가 높다는 것이 사무실에 발을 들여놓는 순간부터 강하게 전달된다.

그렇게 활기 넘치는 회사를 만들고 싶어도 '이렇게 하면 누구나 성공할 수 있다'는 정답이나 성공 공식이 지금의 시대에는 존재하지 않는다. 그 회사만의 소중한 가치는 지키면서도 기존의 상식에 얽매이지 않고 제로(0)에서 독자적인 답(가치)을 이끌어낼 수 있는지가 관건이다.

지금 필요한 것을 만들어내기 위해 비즈니스맨이 갖추어야 할 능력은 다음의 세 가지다.

- 의심하기
- 알아차리기
- 영감(순간적인 번뜩임)

즉, 지금까지 당연시해왔던 것을 한번 의심해본다. 또한 소소한 불편함을 찾아낸다. 그리고 번뜩이는 영감을 중시한다. 이 세 가지 능력을 갖추는 데는 '질문'이 큰 도움이 된다. 제일 먼저 해야 할 것은 세 가지 포인트 중에서 '의심하기'다.

지금까지 당연시해왔던 것을 의심해본다. 여러분이 '이것이 정답이다'라고 믿고 있었던 것은 더 이상 정답이 아닐 수도 있다. 시대는 항상 변화되어 나간다. 그러니 사고방식이나 소중하게 생각하는 가치관도 항상 변화시켜 나가지 않으면 안 된다. 우선은 자신이 정답이라고 생각하고 있는 것을 '정말로 그럴까?'라고 의심해보자.

두 번째로 '알아차리기'는 소소한 불편함을 놓치지 않는 것을 말한다. 작은 불편함을 발견하게 되면 그것이 오히려 비즈니스 기회나 성장의 계기가 되는 경우가 많다.

스스로가 '뭔가 이상해', '왠지 싫어'라는 느낌에 민감해지자. 나아가 고객이 느끼는 불편에도 민감해지면 더욱 심층적이고 세세한 부분에서까지도 고객에게 만족감을 줄 수 있다.

어떤 것에 '의심'을 품고 '불편함'을 알아차리게 되면 이번에는 그 해결책을 찾아보자. '어떻게 하면 해결이 될까?'라며 스스로에게 질문을 던지다 보면 남들과 대화를 하거나 산책 또는 책을 읽는 등의 사소한 일상에서도 번뜩이는 지혜와 답을 찾을 수 있게 될 것이다.

고객을 늘리기 위한 깨달음

바로 이 세 가지, 즉 '의심하기', '알아차리기', '영감'을 통해 큰 변화를 이루어낸 곳의 사례를 하나 살펴보자.

한 지압원에서 고객의 주 구성원이 남성이고 여성 고객이 무척 적다며 어떻게 하면 여성 고객을 늘릴 수 있을지 고민이라며 상담을 요청해왔다.

'왜 여성 고객이 적을까?'

물론 주인도 나름의 노력은 다 해보았다. 시술이 편하도록 갈아입을 가운도 준비해놓았고, 시술하는 침대 사이에 커튼을 달아서 프라이버시를 보호하는 등 신경을 썼다. 이렇게 3~4개월 동안 여러 모로 노력을 해보았지만 전혀 고객이 늘지 않았다.

그때 문득 어떤 스태프가 '우리가 고객을 유치하기 위해서 하고 있는 일들이 진정 그들을 기쁘게 하는 것일까?'라는 의문을 제기했다. 그래서 여성 고객들을 꼼꼼하게 관찰해보기로 했다.

지압을 받을 때 고객은 침대 위에 엎드린 자세를 취하게 되는데, 이때 얼굴이 직접 침대에 닿지 않도록 종이를 한 장을 깔아놓는다. 시술이 끝났을 때 그 종이는 기름종이처럼 땀과 피지로 범벅이 되곤 하는데, 한 여성 고객이 그 종이를 보더니 몹시 불쾌한 표정을 짓는 것을 보게 되었다. '소소한 불편'인 것이다.

그래서 종이를 피부에 들러붙지 않는 키친타월 같은 것으로 바꿨더니 여성 고객이 조금씩 늘기 시작했다. 즉 한번 가게를 찾았던 고객이 다시 찾는 재방문 고객이 된 것이다.

'왠지 모르게 싫은' 정도의 소소한 불편은 고객들에게 직접 물어보아도 좀처럼 알아내기 힘든 것들이다. 현재 상태를 점검하면서 의심을 품고 불편이나 고충을 세세하게 잘 관찰해서 캐치해 내는 것, 이 능력을 갖추게 되면 비즈니스 기회로도 이어지게 된다.

혁신적 아이디어는 '엉뚱한 회의'에서 탄생한다

비즈니스에서 효력을 발휘하는 테크닉이나 노하우, 지식 등은 시대와 더불어 변화된다. 하지만 질문은 어느 시대에나 변하지 않는 보편적인 힘을 갖고 있다.

가령 '어떻게 하면 고객이 만족할까?'라는 질문은 시대가 아무리 바뀌어도 중요한 발상을 이끌어낸다.

앞에서 예로 든 지압원의 컨설팅을 해주던 때의 일이다.

'고객을 좀 더 늘리고 싶다'라는 주제로 회의가 열렸는데, 그때 필자는 직원들에게 세 가지 질문을 했다.

Q1. '이런 지압원은 싫다'고 생각되는 곳은 어떤 곳일까?
Q2. '이런 지압원이 있었으면 좋겠다'고 생각되는 곳은 어떤 곳일까?
Q3. 어떤 응대를 하면 고객이 만족할까?

회의를 하는 책상 위에 큰 종이를 펼쳐놓고 직원들에게 생각나는 대로 써넣도록 했다.

"오늘은 심각한 얘기를 하면 벌금입니다. 얼마나 엉뚱하고 바보스러운 생각을 해내는지가 중요하기 때문에 '엉뚱한 회의'라고 부르겠습니다."

이렇게 말해놓고 2시간 정도 생각할 시간을 주었다. 처음에는 직원들이 서로 눈치를 보며 망설이더니 시간이 흐르면서 차츰 활기를 띠기 시작했다.

'이런 지압원은 싫다'고 생각되는 곳이 어떤 곳인지를 묻는 질문에서는 '고객이 주물러준다'거나 '수영복을 입으면 할인' 등의 아이디어가 나왔다. 마치 개그맨들의 '아이디어 회의' 같은 답들이 나오자 회의실은 웃음바다가 되었다.

이어서 '이런 지압원이 있었으면 좋겠다'고 생각되는 곳이 어떤 곳인지를 묻는 질문에서는 '네 명의 스태프가 응대(지압)해주는 '황제 코스'가 있으면 좋겠다'라는 아이디어가 나왔다. 네 명이 달라붙어서 두 팔과 두 다리를 지압해주면 옆에서 어여쁜 여인이 부채질을 해주는 그런 이미지다.

"와~ 좋군요! 그럼 다른 의견은요?"라고 물으니, '역에서 가게까지 레드카펫을 깔아서 고객이 입장하면 꽃을 뿌리면서 영접하는 VIP 서비스'라는 아이디어도 나왔다.

지압원에 갔을 때 기분이 좋아지는 포인트를 시술자의 입장에서는 좀처럼 알 수가 없다. 예전에 TV 프로그램의 한 코너에서 했던 것 같이 '가려운 곳을 긁어주는 서비스' 등 100여 개의 아이디어가 나왔다. 대다수는 특별할 것 없는 시시한 아이디어였지만 그 중에서 세 개 정도는 번뜩이는 영감이 담긴 비교적 혁신적인 아이디어였다.

앞에서 언급했던 '황제 코스'는 그 중 하나다. 원래 이 지압원의 평균 객단가는 4만 원 정도인데, '황제 코스' 발상에 착안을 해서 '고객을 철저하게 만족시켜주는 50만 원 코스'를 기획하고 본격적으로 검토를 시작했다.

시시한 아이디어에서 고객 서비스를 재발견하다

세 번째 질문 '어떤 응대를 하면 고객이 만족할까?'에 대해서는 '집까지 바래다준다'라는 아이디어가 나왔다. 지압원에는 허리를 삐끗해서 찾아오는 고객이 많은데, 한 번의 시술로는 완전히 낫기가 힘들다. 그런데도 시술이 끝나면 '기껏해야 엘리베이터까지 배웅하면서 인사를 하는데 좀 소홀하지 않나?'라는 의견이 나온 것이다.

'최소한 귀가는 어떻게 하는지 정도는 물어봐서 택시를 불러주거나 차타는 곳까지 옆에서 거들어서 배웅하자'는 의견으로 모아졌다.

고객 서비스의 새로운 발견이었다. 바로 다음날부터 직원들은 시술이 끝났을 때 고객들의 귀가 방법에 대해 물어보기로 했다. 그 결과 고객은 세심하게 배려해주는 직원들에게 감사의 마음을 갖게 되었고, 직원들은 더욱 의욕적이 되어 '고객을 위해서 내가 할 수 있는 것이 더 없을까?'를 자연스럽게 고민하게 되었다.

자신들이 생각해낸 것을 즉각 실천에 옮기기 쉽다는 것이 바로 질문의 매력이다. 만약 질문을 통해서 자신들이 답을 하는 과정을 거치지 않고 사장이나 외부에서 온 컨설턴트로부터 지시를 받는다면 '시키니까 한다'는 식이 되어 버리므로 되어 이와 같은 효과를 얻지 못한다.

다소 엉뚱하고 바보스럽기까지 한 이런 회의에서는 '지압원이라면 응당 이래야 한다'라는 기존의 가치관이나 상식을 일단 벗어나게 됨으로써 참석자 전원의 발상이 단번에 유연해지게 된다. 현재 상황의 여러 제약 속에서 아무리 자유롭게 아이디어를 내라고 해도 새로운 발상이 나오기는 쉽지 않은 것이 현실이다. 틀을 깨는 작업을 통해서 전혀 다른 각도에서 사물을 바라볼 수 있게 되는 것이다.

이렇듯 질문을 잘 활용하면 다음과 같은 변화들이 일어난다.

- 여러 사물의 최선의 상태를 검토할 수 있다.
- 문제를 해결하는 것이 즐거워진다.
- 직원들이 자발적으로 생각하고 행동하게 된다.
- 막연한 불안감이나 막막함이 사라지면서 새로운 아이디어가 나온다.

이런 변화가 일어나면 회사에 활기가 넘치게 되고 자연스럽게 매출 상승으로도 이어진다.

2장

일곱 가지 질문 마인드

> '질문'은 누가, 어떤 마인드로 하느냐에 따라서 효과가 크게 달라진다. 이 장에서는 꼭 알아야 할 '질문 마인드'를 소개하고 있다. 앞으로 살아갈 세상에서 매우 중요한 마인드라 할 수 있다.

상사인 여러분이 부하 직원에게 "지금 할 수 있는 일이 뭐가 있을까?"라는 질문을 했다고 하자. 이것은 새로운 일을 시작하려는 부하 직원에게 '첫걸음'을 뗄 수 있게 해주는 매우 효과적인 질문이라고 할 수 있다. 하지만 똑같은 질문도 한가해 보이는 부하 직원에게 비꼬는 말투로 하게 되면 그것은 질문이 아니라 심문이 되고 만다.

질문에서 중요한 것은 질문의 문구 자체가 아니라 누가 그 질문을 하는가이다. 질문을 하는 사람의 상대방에 대한 태도와 질문하는 사람의 인간성, 그리고 마인드가 무척 중요하다.

한 예로, 자신에게는 한없이 유하면서도 남에게 엄격한 사람이 있다고 하자. 그런 사람이 누군가에게 아무리 좋은 질문을 던진다 한들 아무도 심각하게 답해주지 않을 것이다. 그만큼 질문을 잘 하기 위해서는, 조금 시간이 걸리더라도 자신의 인간성과 인격('질문 마인드'라 부른다)을 수양하지 않으면 안 된다.

질문의 장점을 최대한 활용하기 위해서 질문자가 지녀야 할 '마인드'에는 일곱 가지가 있다. 이 일곱 가지는 3장부터 6장까지의 '스스로에게 질문하기', '부하 직원에게 질문하기', '회의에서 질문하기', '고객에게 질문하기' 등 모든 부분에 공통적으로 적용되는 매우 중요한 요소다. 벽에 붙여 놓고 정기적으로 여러 번 되풀이해서 읽기 바란다.

꼭 익혀야 할 일곱 가지 질문 마인드

질문 마인드는 질문에 능숙해질 뿐 아니라, 한치 앞도 내다볼 수 없는 급변하는 시대에서 살아남기 위한 '비즈니스 센스'를 단련시켜 주는 데 꼭 필요한 덕목이다. 이것저것 다 해봐도 좀처럼 성과를 내기 힘들 때 이 일곱 가지 '질문 마인드'와 마주하게 되면, '지금 무엇을 해야 하는지'가 명확히 보이게 될 것이다.

질문 마인드 ①
선입견을 버려라

질문하는 사람의 태도는 플러스도 마이너스도 아닌 제로(0) 상태가 되어야 한다. 그렇게 되기 위해서는 집착이나 선입견 같은 '주관(主觀)'과 '사실(fact)'을 따로 분리해서 생각해야 한다.

```
┌─────── 꼭 익혀야 할 7가지 질문 마인드 ───────┐

  ❶ 선입견을 버려라.
  ❷ 상대방을 신뢰하라.
  ❸ 사랑의 선택을 하라.
  ❹ 모든 답은 정답이다.
  ❺ 100% 내 책임이다.
  ❻ 자신을 만족시켜라.
  ❼ '답'보다 '생각'이 더 중요하다.

└─────────────────────────────────────┘
```

　인간은 눈앞의 사물을 자기가 보고 싶은 대로 보는 경향이 있다. 또한 자기가 보는 것을 모두 '사실'로 생각해버린다. 하지만 그것은 사실이 아닐 수도 있다.

　예를 들어, '오늘은 덥다'라고 하는 것은 사실이 아니다. 왜냐하면 우리보다 더운 나라에서 살던 사람이 우리나라에 온다면 '시원하다'고 생각할 수도 있기 때문이다. 이것은 당신의 '주관'이다. '오늘의 최고 기온은 35도였다'라는 것은 사실이다. '일은 빨리 진행되어야 한다'라는 것은 사실이 아니라 주관이다.

　'사실'이란 것은 언제, 누구에게, 어떤 상황에서도 변하지 않는 것이다. 한편 '주관'은 가치관이나 태어나고 자란 환경 등에 의해 좌우되는 것이기 때문에 사람에 따라서 다를 수 있다.

가령 부하 직원에 대해서 '안 된다', '사용할 수 없다'고 하는 것은 사실이 아니라 당신의 주관이다. 그것은 오롯이 당신만의 생각일 수 있다.

어떤 음식점에 이른바 '초식남(초식동물처럼 온순하고 착한 남자를 이르는 말_역주)' 스타일의 직원이 있었다. 사장은 그 직원에게 패기가 없다느니, 목소리가 작다느니, 아무 짝에도 쓸모가 없다느니 하면서 구박을 일삼는데다, 심지어 "넌 참 한심한 녀석이야"라는 말까지 면전에 대고 해댄다. 그러나 정작 당사자인 그는, "헤헷 죄송합니다"라며 멋쩍은 웃음으로 사과까지 하는 자타공인의 구제불능 직원이었다.

하지만 필자가 현장에서 그를 자세히 관찰했더니, 그가 있는 곳에는 웃음이 넘치고 모든 직원이 유쾌해지는 이른바 분위기 메이커라는 사실을 알게 되었다. 직원들을 보면 "잘 하고 있지?"라는 인사를 건네면서 매장 전체에 동기부여를 해주고 있었고, 고객들 역시 그에게 자주 말을 걸면서 매장 분위기 전체가 그로 인해 화기애애해지는 느낌이 들었다.

그가 설령 사장이 좋아하는 스타일이 아닐지라도 그가 지닌 인간적인 따뜻함이 매장 전체에 없어서는 안 될 중요한 자산이 되고 있었다. 만약 사장이 그를 해고한다면 그러한 균형은 단번에 깨질 것임에 틀림이 없었다.

이렇듯 경영자나 리더가 갖고 있는 '사원이나 조직은 이래야 한다'는 식의 선입견이나 고집은 직원들의 성장을 방해하고 조직의 조화를 깨뜨릴 수 있다.

질문하는 사람이 지녀야 할 마음가짐은 질문하는 상대나 화제가 되고 있는 사상에 대해서 선입견과 아집을 가급적 배제하려고 노력하는 것이다.

그 훈련을 위한 일환으로 '일을 할 때는 꼭 ~해야만 해'라고 생각하는 것들에 대해서 한번 써보기 바란다. 그래서 '꼭 ~해야만 해'라고 생각했던 것에 대해서 정말로 그렇게 해야 하는 것인지, 반대로 하면 안 되는지에 대해서 곰곰이 생각해보기 바란다.

이 사고 훈련을 통해서 '꼭 해야만 하는' 것들 중에서 몇 가지는 단순한 집착이었다는 사실을 깨닫게 될 것이다.

'선입견 버리기' 마인드를 위해 해야 할 일

중요한 질문 ▶ 그것은 사실인가, 아니면 당신의 생각인가?

행동 유발하기 ▶ '반드시 ~여야만 해'라고 생각하는 것을 적어보고 그 반대로 하면 안 되는지를 검증한다.

질문 마인드 ②

상대방을 신뢰하라

부하 직원이 실수를 하거나 어려운 과제 앞에서 한껏 긴장을 하고 있다고 가정해보자. 당신이 만약 그의 상사라면 이런 모습을 보고도 그 부하 직원을 전적으로 신뢰할 수 있겠는가?

필자는 지금 40대인데, 지금까지 살아오면서 이혼도 했고 괴로워서 죽고 싶을 만큼 힘든 때도 있었다. 하지만 만약 그런 힘든 경험이 없었더라면 지금처럼 신나게 하루하루를 살지 못했을 것이다.

모든 것은 지금의 내가 되기 위해서 꼭 필요한 일이었다고 생각한다. 그렇게 생각하니 지금까지 많은 일이 있었지만 모든 것이 잘 해결되었고 앞으로 어떤 일이 일어나도 잘 해나가리라는 확신을 갖게 되었다.

아이가 뛰어놀다가 넘어져서 무릎에 상처가 나도, 시간이 지나면 딱지가 앉아서 마침내 낫는다는 사실을 부모가 알고 있다면 아이를 마음껏 뛰어놀게 할 수 있다. 사사건건 "위험해!"라고 소리치면서 계속 아이의 행동을 제지한다면 아이는 결국 온힘을 다해 달리지 못할 것이다.

일 잘하는 유능한 사람 중에서 남을 잘 믿지 못하는 사람이 종종 있다. 그런 사람이 팀의 리더를 맡게 되면 팀원들이 미덥지 않아 보여서, '견적서는 이렇게 써라', '고객과 상담할 때는 이런 말로 시작해라' 등 마치 자기 말만 들으면 틀림없다는 식으로 미주알고주알 세세한 부분까지 지시하고 명령하려 든다. 물론 부하 직원이 잘되라고 하는 말이겠지만, 실제로 이러한 행동은 부하 직원이 성장할 기회를 박탈하는 행위가 될 수 있다.

남의 결점은 쉽게 눈에 띄기 마련이라 바로바로 지적하는 사람들이 많다. 그렇게 하는 것이 마치 상대방을 위한 길이라는 대단한 착각과 함께 말이다. 하지만 거기서 생겨나는 것은 반발심이나 위축감

일 뿐 실제로 그 사람을 성장시켜주지 않는다.

꽃은 환경이 갖추어지면 저절로 꽃을 피운다. 그 사실을 아무도 의심하지 않는다. 상사가 해야 할 일은, 부하 직원이 언젠가는 꽃을 피울 것이라고 믿고 환경을 정비해주는 일이다. 모든 사람은 완벽하지 못하며 누구에게나 부족한 부분이 있다. 따라서 상사가 믿어주기만 한다면 즉, 상사의 사랑을 먹고 부하 직원은 성장해가는 것이다.

매출 순위 970위 점포를 반년 만에 전국 1위로 만들다

전국에 지점을 두고 있는 체인점 1,000여 점포 중에서 매출이 970위였던 점포가 있었다. 그 점포의 점장은 앞에서 적극적으로 직원들을 이끌어나가는 스타일이라기보다는 오히려 사람들 앞에 서면 얼굴이 빨개지고 쭈뼛거리면서 말하는 수줍은 사람이었다.

하지만 그 점장이 우리에게 '질문' 기술을 배워서 현장에 적용한 지 반년 만에 970위였던 점포를 무려 1위로 끌어올렸다. 그 후 그는 '적자 점포 살리기 프로젝트 담당자'로 위촉되었고 실적이 부진한 점포에 파견되어 그 점포를 우량 점포로 만드는 일에 매진하고 있다.

지금도 그는, 내성적인 성격에는 변함이 없지만, 어느새 '능력자'로 탈바꿈되어 있다. 필자가 그에게 적자 점포를 1위로 끌어올린 비결을 물어봤더니 다음과 같이 대답했다.

"종업원을 얼마나 믿어주는가 하는 것입니다. 실제로 일선에서 고객들을 응대하고 그들에게 만족감을 주는 사람은 종업원들이기 때문에 저는 그들을 믿어주고 어떻게 하면 그들이 편안하고 즐겁게 일할 수 있을까만 생각합니다."

그런데 점포의 여종업원에게 똑같은 질문을 던졌더니 놀랍게도 다음과 같은 대답이 돌아왔다.

"아휴, 우리 점장님은 사람은 좋은데 왠지 미덥지 않아서 우리가 지켜주지 않으면 안 된다는 생각으로 열심히 일하고 있답니다."

선수가 특별히 우수하지 않아도 믿어만 준다면 멤버 각자가 힘껏 능력을 발휘하게 되고 나아가 조직 전체의 실적이 오르는 좋은 예를 보여주고 있다. 이 점장은 부하 직원들을 믿고 맡김으로서 부하 직원들의 신뢰와 동기부여를 얻었다고 말할 수 있다.

뜬금없이 '상대방을 믿어라'라는 말을 들었다고 해서 쉽게 상대방을 믿게 되지는 않는다. 하지만 '만약 나라면 상사가 어떻게 해주기를 바라지?'라고 스스로에게 물어보기 바란다.

내가 하는 일에 사사건건 참견하고 내가 못미더워서 걱정만 하는 상사보다는 일단 믿고 맡겨주는 편이 훨씬 의욕이 생길 것이다.

리더는 큰 방향성, 즉 '비전'이나 '방침'을 제시하는 데 그치고, 나머지는 직원들 각자가 일하기 쉬운 환경을 만들어주면서 믿고 맡기는 것이 중요하다.

인간은 고통을 통해서 비로소 성장한다

인간은 언제 가장 많이 성장할까?

필자는 최근에 자신의 연표(年表)를 작성해보았다. 그런데 아무것도 기록할 것이 없는 공백 기간이 2년이나 있었다는 사실을 알게 되었다. 돌이켜보면 그 시기는 하루하루가 무척 순조로워서 특별한 일을 하지 않아도 매출이 저절로 쑥쑥 신장되던 때였다.

그 후에 리먼 사태가 발생했고 매출이 뚝뚝 떨어져 궁지에 몰리게 되었다. 어떻게든 변화하지 않으면 안 되는 혼란의 시기를 맞게 된 것이다. 필자는 그 시기야말로 내 자신이 크게 성장할 수 있었다고 생각한다.

2년의 공백기는 작은 애벌레가 그저 큰 애벌레가 된 것뿐이었다. 하지만 온갖 어려움을 겪고 고통스러웠던 시기는 애벌레가 번데기가 되고 마침내 나비가 된 시간들이었다.

이처럼 인간은 어려운 시기를 통해서 비로소 성장한다.

따라서 만약 여러분 곁에 애를 먹이는 부하 직원이 있다면 그 직원이야말로 한창 성장기에 있다고 생각하면 좋을 것이다.

'어차피 저 녀석은 틀렸어'가 아니라, "자네라면 반드시 해낼 수 있어"라며 믿어주자. 누군가에게 일을 전적으로 맡긴다는 것은 용기가 필요하지만 분명 시도할만한 가치가 있다.

> **'상대방 신뢰하기' 마인드를 위해 해야 할 일**
>
> **중요한 질문** ▶ 만약 나라면 어떤 대우를 받고 싶을까?
> **행동 유발하기** ▶ 자신의 성장 과정을 연표로 작성해보고 자신을 돌아본다.

질문 마인드 ③

사랑의 선택을 하라

우리는 하루에 2만 번 정도의 질문과 결단을 반복한다고 한다.

'오늘은 빵에 뭘 발라 먹지?'부터 시작해서 '뭘 입고 나가지?', '우산을 가져갈까 말까?' 등으로 스스로에게 끊임없이 질문을 던지고 결단을 내리고 있다.

무의식중에 결단을 내리는 일도 많은데, 이러한 결단을 내릴 때 중요한 것은 무엇을 근거로 판단하는지의 '기준'이다. 그 기준에는 '두려움의 선택'과 '사랑의 선택', 두 종류가 있다.

'두려움의 선택'이란 '~하지 않으면 안 돼'와 같이 불안에 근거한 선택을 말한다. 일에 중압감을 느끼게 되면 '두려움의 선택'의 연속이 되기 쉽다. 하지만 두려움의 선택을 반복하게 되면 '강요'당하는 느낌이 강하게 들어서 갈수록 힘들어진다. '두려움의 선택'을 하는 사람 주변에는 자연히 불평불만이 많은 사람들이 모이게 된다.

두려움의 선택의 예

- 매출을 늘리지 못하면 어떻게 하지?

- 멋지게 차려입지 못하면 어떻게 하지?

- 잘하지 못하면 어떻게 하지?

한편 '사랑의 선택'은 즐거움과 편안하고 기분 좋음을 기준으로 한 선택을 말한다. 자신은 물론 만나는 상대를 어떻게 하면 즐겁게 해줄까를 기준으로 생각한다.

'그런 한가한 생각은 비즈니스 업계에서는 통용되지 않아요'라고 생각할지도 모르겠다. 하지만 사랑의 선택을 하는 사람의 주변에는 따뜻함의 고리가 생겨 기분 좋고 원만한 인맥이 구축되어 나간다.

사랑의 선택의 예

- 매출을 늘리고 싶다!

- 멋지게 차려입고 싶다!

- 열심히 해야지!

억지로 일을 하고 있는지, 즐겁게 일을 하고 있는지는 어떻게 알 수 있을까? 똑같은 행동을 해도 의식이 바뀌면 결과도 따라서 바뀌게 된다.

'오늘은 퇴근이 늦어지니 퇴근길에 마누라가 좋아하는 케이크를 사가야지!'라고 생각한다면 사랑의 선택이다. 반면, '오늘도 퇴근이 늘어지네. 마누라가 화가 잔뜩 나 있을 테니 케이크라도 사가야 하지 않을까?'라고 하면 두려움의 선택을 한 사람이다. 일견 보기에도 신나는 마음이 없다.

불안이나 두려움은 인류가 살아남기 위해 적의 존재를 파악해야 한다는 본능에서 오는 메시지다. 따라서 인류가 존재하는 한 사라지는 일은 없을 것이다. 그렇다면 이것을 어떻게 잘 다루어야 하는지가 중요해진다.

자신 안의 두려움이 무엇인지를 깨달아 그것을 '사랑의 선택'으로 바꾸는 것이 무엇보다도 중요하다.

'사랑의 선택'을 위한 에너지를 축적하라

예를 들면 '오늘 회의는 길어질 것 같아 짜증나, 하지만 어쩌겠어, 참석해야겠지'라는 것은 두려움의 선택이다. 그런 기분으로 행동하면 즐겁지도 않고 좋은 결과도 나오지 않는다.

그럴 때는 '어떻게 하면 회의를 진심으로 즐길 수 있을까?'라는 질문을 자신에게 던져보자. '하하 호호 웃음이 넘쳐나는 회의 시간이 되었으면 좋겠어'라든가, '이런 화두를 한번 던져볼까?' 또는 '회의 때 함께 먹을 간식을 사들고 갈까?'라는 식으로 '하고 싶은 일'을 적어보면 그토록 지겨웠던 회의 시간이 즐거운 회의 시간으로 바뀔 수 있다. '즐거운 회의가 거기에 있는 것'이 아니라 '회의를 즐길 줄 아는 내가 있다' 식의 느낌이다.

필자가 고문을 맡아 컨설팅을 했던 미용실에서 있었던 이야기다. 미용실 사장님은 실로 '두려움의 선택'으로 직원들을 관리하는 타입이었다. 모든 직원들에게 매출 할당량을 정해주고 사사건건 간섭하면서 직원들을 관리했다. 그런데 이런 사장님의 의도와 상관없이 매출은 전혀 오르지 않았다.

그래서 그 사장님께 양해를 구해서 사장을 빼고 직원들과 '어떻게 하면 즐겁게 일할 수 있을까?'라는 주제의 질문에 답하는 형식으로 회의를 진행했다. 그 회의에서 나온 제안이 어떤 것이든 기본적으로 받아달라는 부탁을 사장님께 사전에 해두었다.

실제로 회의를 주제해보니 직원들에게서 아이디어가 쏟아져 나왔다.

"매장에 록 뮤직을 틀어놓으면 신나게 일을 할 수 있을 것 같아요."

그래서 그 후로는 미용실에 로큰롤 음악을 틀기로 했다.

"제가 만화를 무지 좋아해서 대기실에 만화를 잔뜩 쌓아놓고 싶어요. 경비를 주시면 제가 사다 놓을게요."

이 의견도 받아들여졌다.

"고객님과 더 많은 얘기를 나누고 싶어요."

그래서 머리 손질이 끝나면 10분간 수다 타임을 마련하기로 했다. 지금까지는 회전율을 높이기 위해 머리 손질이 끝나면 바로 다음 손님을 받고 있었다. 이러한 상황은 이 점포뿐 아니라 모든 미용실에서도 해당되는 일이다.

'~하지 않으면 안 돼', '다른 곳도 다 하니까 우리도 해야 해'라는 식의 '두려움의 선택'을 하지 않고 직원들의 '사랑의 선택'을 받아들인 결과, 미용실 이용객이 계속 늘어났고 매출도 덩달아 늘어났다.

> **'사랑의 선택' 마인드를 위해 해야 할 일**
>
> **중요한 질문** ▶ 어떻게 하면 진심으로 즐길 수 있을까?
> **행동 유발하기** ▶ '하고 싶은 일'을 적어본다.

질문 마인드 ④

모든 답은 정답이다

상대가 어떤 대답을 하더라도 "좋군요!"라고 말해주는 것이 질문에 대한 답을 잘 들어주는 사람의 필수 조건이다.

'질문 마인드 ①'에서도 언급했듯이, 인간은 지나치게 '자신이 옳다'고 믿는 경향이 있어서 자신이 정답이라고 생각하지 않는 답은 머릿속에서 부정해버리게 된다. 하지만 여러분이 항상 옳다고는 할 수 없다.

여기에서 중요한 것은 정답을 찾아내는 것이 아니라 오로지 '경청'하는 것이다. 상대방이 질문을 듣고 답을 찾기 위해 생각하는 동안에 수많은 깨달음이 생기게 되고, 그것이 나아가 팀원으로서의 의견 확장으로 이어진다.

반대로, 상대방의 대답을 듣고 판단을 하게 되면 그 이상 발굴해 낼 수 없게 된다. 설령 자신의 생각과 다르다고 해도 절대로 판단해서는 안 된다.

"좋은 생각이야, 그렇게 생각할 수도 있겠어"라며 일단은 상대방의 의견을 받아들인다. 자신의 존재를 지우고 상대방의 색깔로 물들인 다음 철저히 듣는 역할에만 충실할 것. 이것이 질문하는 사람이 지녀야 할 자세이자 비법이다.

어제, 재미있는 이야기를 들었다. 세 남자에게 눈을 감고 똑같은 사물을 만지고 나서 자신이 만진 것이 무엇인지 알아맞히도록 했다.

맨 처음 남자는 "울퉁불퉁한 걸 보니 나무토막이 아닌가요?"라고 대답했다. 다음 사람은 "매끌매끌한 것으로 봐서 대리석인 것 같은데요?"라고 대답했다. 마지막 사람은 "느물느물한 것이 꼭 해산물 같아요"라고 답했다.

이렇게 서로가 자신의 의견만 주장해서는 좀처럼 정답에 도달하지 못한다. 서로의 의견을 인정하고 받아들여서, 또 서로의 답을 참고로 해서 마침내 '코끼리'라는 정답에 이르게 되는 것이다.

원래 토론의 목적은 남의 의견을 논파(論破, 남의 이론이나 학설 따위를 깨뜨리는 것)하는 것이 아니라 의견의 차이를 잘 살려서 생각의 지평을 넓이는 데 있다.

앞에서도 언급했듯이 이 세상 모든 것에는 결점이 있다. 남의 답을 듣고 결점을 지적하는 것은 쉽다. 하지만 작은 결점에 사로잡혀 있으면 상대방의 답 속에 있을지 모르는 훌륭한 본질을 놓칠 수 있다.

'남의 얘기를 들을 때 결점이 먼저 눈에 들어온다'는 유형의 사람에게 권하고 싶은 것이 있다. 하루 일과를 마치고 잠자리에 들기 전에 '오늘 잘한 일 세 가지 쓰기' 습관이다.

처음에는 쉽지 않겠지만 장점을 발견하는 것이 능숙해지면 자신과 다른 사고방식을 용납할 수 있게 된다. 용납이 될 뿐 아니라 "어떻게 그런 생각을 다 했어?", "그 답, 정말 흥미로운데?"라는 반응을 하게 되며, "그럼 한번 해볼까?"라는 식의 새로운 도전으로 이어지게 된다.

'모든 답은 정답' 마인드를 위해 해야 할 일

중요한 질문 ▶ 내가 잘하고 있는 것은 무엇인가?

행동 유발하기 ▶ 잠자리에 들기 전에 '오늘 잘한 일' 세 가지를 써 본다.

질문 마인드 ⑤

100% 내 책임이다

'100% 내 책임이다'라는 말은 어떻게 보면 참 무겁게 느껴지는 말이다.

하지만 이것은 어디까지나 마인드의 이야기이기 때문에 실제로 모든 책임을 떠안으라는 말은 아니다. 어떤 발상을 할 때 이런 마인드를 지니는 편이 그렇지 않은 경우보다 더 나은 발상을 할 수 있게 된다는 것이다.

기업의 경우 제조와 영업 부문은 대개 사이가 썩 좋지 않다고들 한다. 한쪽에서는 '물건이 안 팔리는 것은 영업 방식이 나쁘기 때문'이라고 하고, 또 한쪽에서는 '제조 파트에서 매력적이고 잘 팔리는 제품을 만들지 못해서'라며 서로에게 책임을 떠넘기기 때문이라고 한다.

말할 필요도 없겠지만 회사가 하는 일은 고객에게 제품을 팔아서 고객을 만족시킴으로써 수익을 창출하는 것이다. 조직이 부문별로 나눠져 있는 것은 단지 효율성 때문일 뿐, 만약 어떠한 이유로 영업부가 활동을 중단하게 되면 제조 파트에서 영업까지 직접 해야 한다. 그 반대의 경우도 마찬가지다.

즉, 매출이나 품질 보전처럼 회사에 존재하는 모든 문제의 책임은 직원들 모두에게 똑같이 100% 있는 것이다. 책임과 역할은 다르다.

제품이 팔리지 않을 때 그것을 다른 부문의 탓으로 돌려서 비판을 계속해본들 아무것도 해결되지 않는다. '100% 내 책임이다'라는 마인드가 있다면 상대방 탓을 하지 않고 전체를 위해 자신이 할 수 있는 일이 무엇이 있을까를 생각하게 된다.

'모든 것은 100% 내 책임이다'라는 생각을 하루아침에 갖기는 쉽지 않다. 따라서 일을 하면서 평소에 느낀 불평이나 불만을 적어보는 것부터 시작해보기 바란다. 그 내용을 들여다보면서 '지금 내가 할 수 있는 것은 무엇일까?'를 생각해보는 것이다. 이것을 반복하다 보면 '100% 내 책임이다'라는 의식이 생기게 될 것이다.

> **'100% 내 책임' 마인드를 위해 해야 할 일**
>
> **중요한 질문** ▶ 당신이 할 수 있는 일은 무엇입니까?
> **행동 유발하기** ▶ 불평불만을 적어보면서 자신이 할 수 있는 일을 생각해 본다.

질문 마인드 ⑥

자신을 만족시켜라

앞에서 언급한 다섯 가지 마인드를 실천하기 위해서는 이번에 언급하게 될 '자신을 만족시켜라'라는 항목이 무척 중요하다.

왜냐하면 자신의 마음이 충족되지 않으면 상대를 위한 질문 대신 자기 자신을 위한 질문을 하게 되기 때문이다. 그리하여 상대는 당신과 만남을 거듭할수록 심리적인 에너지를 뺏기는 느낌이 들어 만나기를 꺼리게 된다. 따라서 우선은 상대방에게 '줄' 수 있도록 항상 자신이 만족스러운 상태가 되어야 한다.

사실 나 자신도 질문 컨설팅을 막 시작했을 때는 많이 미숙했다. 그래서 컨설팅 상대로부터 '대단해!'라는 말을 듣고 싶은 욕심에 그런 말을 들을 수 있는 질문 위주로 질문을 했다. 질문은 상대를 위한 것이어야 함에도 불구하고 자신이 칭찬받는 것을 목표로 하고 있다는 것을 어느 순간 깨닫게 되면서 많은 반성을 하게 되었다.

결혼식이나 파티 같은 장소에서 종종 보게 되는 샴페인 타워라는 것이 있다. 샴페인 잔을 피라미드식으로 쌓아올려서 맨 꼭대기에 있는 잔에 샴페인을 부으면 아래의 잔들이 채워지는 방식이다.

여기서 맨 꼭대기에 있는 잔을 자신이라고 생각해 보자. 우선 자신이 충족되지 않으면 다른 잔, 즉 타인을 충족시킬 수 없다. 인생에서 가장 중요한 것은 자신을 만족시키는 것이다.

우리는 이것을 '샴페인 타워의 법칙'이라고 부른다. 그곳이 바로 스타트 지점이라고 생각하면 된다. 자신이 충족되지 않고서는 타인을 진심으로 생각하는 질문을 할 수 없다.

'사랑의 선택'을 하면 스트레스가 쌓이지 않는다

그러면 어떻게 해야 자신의 마음이 충족되는지 스스로에게 질문을 해볼 차례다.

'자기 잔을 채운다'는 것은 정신적인 만족도를 얘기하는 것으로, 단순히 욕망을 충족시키는 것과는 다르다. 마음을 정리한다는 의미로 받아들여도 좋다.

선(禪)의 가르침 중에 '조신(調身)·조식(調息)·조심(調心)'이라는 것이 있다. 이 말은 몸의 자세를 바르게 하고, 숨을 고르게 하여 마음을 다스린다는 뜻으로, 이 세 가지가 균형을 이룬 상태를 가장 이상적으로 본다.

피로가 쌓였을 때 휴식을 취하고 맛있는 음식을 먹으러 가는 것처럼 자신을 충족시키는 방법을 '바깥'에서 추구하게 되면 언제까지나 계속 밖에서 추구할 수밖에 없다.

가장 최적의 상태는 일하는 것 자체가 자기 충족으로 이어지는 것이다. 그렇게 될 수 있다면 더 바랄 것이 없을 것이다.

그렇게 되기 위해 필자는 항상 '사랑의 선택'을 모토로 삼으면서 스트레스를 쌓아두지 않도록 하고 있다. 질문을 하는 일 자체가 무척 즐거운 일이기도 하고, 내 질문을 통해서 상대방에게 변화가 일어나고 그들로부터 감사의 인사를 받는 것만으로도 충분히 만족스럽다.

비즈니스 의뢰가 있을 때는 그 일을 맡았을 때 함께 일하는 직원들이 즐겁게 일할 수 있을까를 최우선적인 판단 기준으로 삼고 있기 때문에, 참으로 건방진 얘기 같지만, 이런 내 방식을 좋아하지 않거나 내가 소중히 여기는 가치관에 동의하지 않는 기업의 컨설팅 의뢰는 정중하게 거절하고 있다.

여러분도 매일 주어지는 일을 어떻게 하면 즐겁게 할 수 있을지를 고민해보기 바란다.

'자신 만족시키기' 마인드를 위해 해야 할 일

중요한 질문 ▶ 어떻게 하면 나를 만족시킬 수 있을까?
행동 유발하기 ▶ 지금 가진 것에 감사하자.

질문 마인드 ⑦

'답'보다 '생각'이 더 중요하다

필자가 개최하는 세미나와 연수에서는 참가자에게 질문을 던지고 그 질문에 대한 답을 종이에 적게 한다. 글 쓰는 작업이 머릿속의 생각을 구체화시키는 데 적합하기 때문이다.

그런데 질문에 대한 답을 빨리 써내는 것이 좋다고 생각하는 사람이 의외로 많은 것 같다. 필자가 질문을 하면 누구보다 재빨리 질문에 대한 답을 써놓고 "다 썼어요!"라며 의기양양해하는 사람들이 바로 그런 타입이다. 하지만 답을 금방 찾았다는 것은 그만큼 그 사람 내부에서 변화가 일어나지 않았다는 방증이라고 할 수 있다.

질문에서 중요한 것은 '답'이 아니고 '생각'이기 때문이다.

인간은 타성에 젖어 아무 생각 없이 어제와 똑같은 하루를 보낼 수 있다. 하지만 그것만으로는 변화가 일어나지 않는다. 일에 있어서도 마찬가지다. 멍하니 하루를 보내다보면 변화의 기회가 되는 '작은 불편'을 놓치게 된다.

질문에 대한 답은 지금 당장 찾지 않아도 된다. 사실 우리의 뇌는 일단 과제가 주어지면 무의식중에 답을 계속 찾으려는 습성이 있다. 이 편리한 기능을 방치한다면 아깝지 않겠는가? 무엇보다도 필자는 '어떻게 하면 고객이 즐거워질까?'라는 질문을 5년간 스스로에게 계속 던지면서 생각하고 있다.

오늘 거기에 대한 대답이 찾아지지 않더라도 내일 혹은 그 다음 날에 아주 훌륭한 답이 찾아질지도 모른다. 대충 적당한 답을 찾기

보다는 답을 찾기 위해 생각하는 과정이 중요한다.

사고의 매너리즘에서 빠져나오기 위해 권하고 싶은 것이 있다. 일상에서 일어나는 여러 상황 속에서 스스로에게 '정말 그런가?'라고 자문(自問)하는 습관을 갖는 것이다. 이 습관을 갖게 되면 생각하는 재미에 눈뜨게 된다. 또 다른 사람에게도 똑같은 질문을 던지고 그에 대한 답을 들으면서, 세상에는 참으로 다양한 생각이 있다는 것을 깨닫게 되어 시야가 넓어진다.

내 답도 정답이고, 남의 답도 정답이다. 정답은 무한대로 있다. 자신과 전혀 다른 관점의 대답을 들으면서 가슴이 벅차오르는 경험과 마인드를 꾸준히 키워나가기를 권한다.

'답보다 생각 중시하기' 마인드를 위해 해야 할 일

중요한 질문 ▶ 정말 그런가?
행동 유발하기 ▶ 다른 사람의 답에 귀 기울인다.

Column

내 삶을 바꾼 두 개의 질문

나와 '질문'과의 만남

나는 초등학생 시절 내내 따돌림을 당했다. 지금 돌이켜보면 나는 남들과 다른 발상을 했고 거기에서 기쁨을 찾았기 때문이라는 생각이 든다.

일본의 교육은 '동등'과 '평등'을 중시하는 경향이 있다. 나는 매사에 '모두가 똑같아야 한다'는 것을 강요당하는 것이 이상하고 싫었기에 사람들과 어울리지 않았고 어떤 그룹에도 소속되지 않았다. 또 매사에 "왜요?"라는 말을 달고 살았기 때문에 주변 사람들로부터 귀찮은 존재로 취급받았다. 둘째였던 나는 가족들로부터도 이방인 취급을 받아서 점점 냉대를 당했다.

그런 환경 속에서 자랐기 때문에 나는 남들과 다른 생각을 하는 것이 좋지 않은 일이라고 믿고 있었다. 그런데 회사를 창업하고 나서 처음으로 '아, 이게 바로 나의 가치구나!'라는 것을 깨닫게 되었다. 지금 생각해보면 그때부터 이미 나는 '질문 컨설턴트적'인 자질이 있었던 것이 아닌가 생각된다.

"그래서 자네는 어떤가?"

나는 2004년에 히로시마 현에서 디자인 회사를 창업했다.

직원을 늘려서 매출을 신장시키고 직원들의 의욕을 북돋아주면서 한창 열심히 일하던 중 2008년에 발생한 리먼 사태의 여파로 거래처인 기업들이 점차 활기를 잃게 되었다. 우리 회사 역시 그 영향을 받아서 매출이 더 이상 신장되지 않았고, 위기를 극복하기 위해 많은 고민을 하게 되었다.

그때 하루에 한 권꼴로 비즈니스 서적을 읽으면서 세미나에 참석하기도 하고 경영인 모임에도 나가서 많은 공부를 했지만 그것이 직접 회사의 성장으로 이어지지는 않았다. 그때 얻은 지식으로 후배 경영인들에게 자문을 해주곤 했는데, 그것이 주효했는지 그 회사는 점점 성장해나가는 것이었다. 그런데 어찌된 일인지 우리 회사는 계속 답보상태였다. 그때 나는 말할 수 없이 참담한 기분이 들었다.

어느 날 아버지뻘인 선배 경영인 한 분이 내가 후배에게 자문을 해주는 모습을 보고 있다가 툭 던진 말이 "그래서 자네는 어떤가?"였다.

이 말을 듣고 나는 곰곰이 생각해보았다. 그때 나는 그동안 내 자신에 대해서 제대로 생각을 하지 않고 살았다는 사실을 깨닫게 되었다. 항상 답이 '외부'에 있다고 생각해서 책을 읽고 그대로 따라하면 된다고 생각했지만 생각대로 되지 않았다. 태산같이 쌓아온 지식들이 전혀 '내 것'이 되지 못했던 것이다.

나는 내 자신과 제대로 마주하지 않았다. '지식을 얻는 것만으로 만족할 것이 아니라 스스로 생각하면서 하나하나 행동으로 옮기지 않으면 회사도 나 자신도 성장하지 않는다'는 사실을 그때 비로소 깨닫게 된 것이다.

소극적인 사람 = 성장 가능성이 있는 사람

자신과 마주하는 것의 소중함을 깨닫는 계기가 또 한 번 있었다. 당시 나는 '불황 속에서도 분투하고 있는 씩씩한 사람들을 불러 강연회를 열자'라는 취지의 이벤트를 개최했다. 리먼 사태의 영향으로 침체된 지역사회에 어떻게든 활력을 불어넣고 싶었던 것이다.

강사로는 경영인뿐만 아니라 모험가나 사회 공헌 활동을 하고 있는 사람들 중에서 매월 한 사람씩을 선정해서 히로시마에 초대했는데 어느덧 10회에 이르게 되었다.

현지에도 경영인 동료들이 많이 있었지만 '이 이벤트는 사업과는 동떨어진 인맥'으로 구성해보고 싶다는 생각에 나 혼자서 시작하게 되었다. 이벤트 운영을 도와줄 사람을 모집하고 장소와 강사를 섭외하고 고객 유치를 하는 등 처음에는 창립 멤버 몇 명이 동분서주하며 뛰어다녔는데, 10회째를 맞이할 때는 어느새 150명 정도의 조직이 결성되어 있었다.

어떤 때는 청강생이 1,000명에서 2,000명이 모이는 바람에 히로시마에 마츠다 세이코(松田聖子, 일본의 1980년대를 대표하는 최고의 아이돌 가수_역주)가 왔을 때 콘서트에 모인 인원에 필적하는 수준이라고 화제가 될 정도였다.

처음 2, 3회는 내가 리더 역할을 맡았지만, 그 후에는 더 많은 사람들에게 리더의 경험을 시키고 싶어서 이벤트마다 전체를 총괄할 리더 세 명을 뽑기로 했다. 그때 나는 멤버 중에서 '리더를 맡을 것 같지 않은' 사람 세 명을 뽑아서 리더를 부탁했다.

매사에 소극적이고 사람들 앞에 나서기를 꺼려하는, 아무리 봐도 리더로 나설 것 같지 않은 사람에게 이렇게 제안했다.

나   "성장하고 싶어요?"
멤버   "네 성장하고 싶습니다."
나   "그럼 리더를 한번 맡아서 해볼래요?"
멤버   "네, 해보겠습니다."

왜 굳이 이렇게까지 했는가 하면, 가급적 많은 사람들에게 리더 역할을 경험시켜보고 싶은 것은 물론이거니와 내가 회사에서 해온 매니지먼트와는 다른 일을 해보고 싶었던 것이다.

운영은 모두 맡길 테니 이 부분만 제대로 챙기면 된다고 중요 포인트를 설명하니 실제로 그들은 리더의 역할을 잘 수행했으며 크게 성장했고 조직의 운영을 멋지게 성공시켰다.

회사를 경영할 때는 '유능해 보이는 사람'을 뽑아서 "이것을 해줘요"라고 세세하게 지시하거나 명령을 했는데 이벤트 조직에서는 정반대로 한 것이다. 즉, '성장 가능성이 있는 사람'을 뽑아서 '모든 사람이 편하게 일하는' 것을 중시함으로써 나는 아무것도 하지 않고도 그들의 성장을 이끌어낼 수 있었다.

그때까지 우리 디자인 회사의 직원들이 '말하지 않으면 일을 안 하고', '시켜도 하지 않는' 문제 때문에 무척 고민하던 시기였기 때문에 180도 발상을 전환해본 것이다.

왜 부하 직원들이 자발적으로 행동해주지 않았을까를 지금 생각해보면 직원들에게 '질문'을 하지 않았기 때문이었다.

지시나 명령만 하면 상사는 물론 부하 직원도 편하다. 상사는 시간을 들이지 않아도 되며 불필요한 걱정을 하지 않아도 된다. 부하 직원은 지시받은 일만 하면 되고 생각할 필요도 없으며 안전하고 편하다. 불필요한 일을 하면 상사로부터 혼날 수도 있고 자칫 실수할 가능성도 많아지기 때문이다. 그래서 언제까지나 지시나 명령만 받게 되면 부하 직원은 점차적으로 '생각하기'를 포기하고 점점 '자신'을 지워나가게 된다. 심하게 말하면 상사의 명령으로 움직이는 꼭두각시 같은 상태가 되어버린다.

반대로 강연 이벤트 조직처럼 멤버가 편안하게 일할 수 있는 환경을 만들어주면 멤버 한 사람 한 사람이 스스로 생각하고 자율적으로 행동하게 되어 그 조직은 제대로 기능하고 멤버 자신도 성장해나간다.

이때 또 한 번의 깨달음이 현재 하고 있는 '질문 컨설팅'의 계기가 되어주었다.

"진심은 뭘 하고 싶은 건데?"

약 1년간 이벤트를 주관하면서 나에게는 '사람들 앞에 서서 이야기하고 싶다'는 욕구가 조금씩 싹트게 되었다. 이벤트 조직의 자원봉사의 인연으로 2010년에 질문가인 마츠다 히로미 씨를 만나게 되었다. 알게 된 지 얼마 되지 않아서 마츠다 씨로부터 갑자기 3시간 동안 '고객 유치'에 대한 강좌를 해달라는 부탁을 받은 것이 계기가 되어 '질문'의 세계에 본격적으로 발을 들여놓게 되었다.

처음에는 질문에 대한 지식을 얻는 것만으로도 힘에 겨워서 질문하기가 잘 되지 않았다. 이 책에서 질문에 대해 배운다 해도 막상 답하기가 힘들다고 말하는 사람도 있을 것이다.

또한 지금까지 자신이 감추고 싶고, 보고 싶지 않는 부분을 보게 되는 것이 아닐까 하는 불안감을 느끼는 사람도 있을 것이다. 나 역시도 실제로 그런 경험을 했다.

그때 나는 디자인 회사를 계속해야 하나, 아니면 그만두고 질문 컨설턴트로 활동을 할까에 대한 고민하고 있을 때였는데, 우연히 '만약 돈을 벌지 못해도 하고 싶은 일이 있다면 무엇입니까?'라는 질문을 만나게 되었다.

지금 하지 않으면 안 되는 것은 디자인 회사의 경영이다. 하지만 정말 하고 싶은 일은 '사람들 앞에 서서 이야기 하는 것'이다. 하지만 나 혼자서 결정할 수 있는 사안이 아니었고 주변 사람들과 고객, 직원들을 생각하면 더욱더 쉽게 결단을 내릴 수 없었다.

그러던 어느 날 마츠다 씨와 격의 없이 이야기를 나누던 중 갑자기 "진심은 어떻게 하고 싶은 건데? 도대체 본심은 뭐야?"라는 질문을 받게 되었다.

내가 즐거운 선택을 하라

예전에 내가 선배 경영인으로부터 들은 "그래서 자네는 어떤가?"라는 질문에서 큰 임팩트를 받았다고 앞에서 얘기했는데, 이때 받은 질문 "진심은 어떻게 하고 싶은 건데?"는 그 이상의 임팩트가 있었다.

이 두 개의 질문은 비슷하지만 뉘앙스가 다르다. 후자의 질문은 자기 자신이 할 수 없는 것을 끄집어내기보다는 어딘가에 사랑이 있어서, '자신이 기분 좋다고 생각되는 선택을 하면 좋아'라는 자유를 주고 있었다.

그래서 나는 '아, 내 자신이 정말로 하고 싶은 일을 찾아서 행동하면 되는 거로구나'라는 깨달음을 얻게 된 것이다. 그 이후부터는 질문에 답하는 것이 더 이상 두렵지 않게 되었다.

만약 내 안에 어둡고 숨기고 싶은 부분이 있다 해도 그 모든 것들이 다 나의 일부다. 그 모든 것들을 포함해서 기분 좋은 선택을 하면 되는 것이다. 불안하다고 생각되면 불안한 자신을 인정하면 된다. 그렇게 생각했던 것이다.

이렇듯 질문은 그 사람의 사고방식이나 가치관, 삶의 방식을 크게 변화시키는 힘을 갖고 있다. 그때까지는 애써 외면하려 했던 것도 다른 각도에서 보면 그렇게 어둡거나 음침하지만은 않게 느끼게 되는 것도 질문의 장점인 것 같다.

나에게는 '진심은 어떻게 하고 싶은 건데?'가 문제해결의 실마리를 제공해준 돌파구(breakthrough)였듯이 어쩌면 독자 여러분도 자신을 파격적으로 변화시켜줄 질문과 만나게 되리라 믿는다.

3장

스스로에게 질문하기

질문은 상대가 있어야 성립된다고 생각하기 쉽지만 사실 우리는 평소에 수많은 질문을 스스로에게 던지고 있다. 스스로에게 질문하는 능력이 발전하면 사고가 더욱 깊어지고 창의력과 과제 해결 능력도 현저히 향상되어 업무 능력에도 큰 변화가 생긴다.

세계적인 물리학자 아인슈타인은 '죽음에 직면했을 때 살아남기 위한 방법을 찾기 위해 내게 딱 한 시간의 시간이 주어진다면 우선 55분은 적절한 질문을 찾는 데 사용할 것이다'라는 말을 남겼다.

죽기 일보 직전 상황에서 어떻게든 살아남기 위해 행동을 개시해야지 어떻게 한가하게 질문이나 하고 있겠는가, 라고 대부분의 사람들은 생각할 것이다.

하지만 아인슈타인이 말했듯이 질문은 최상의 해결책을 이끌어내는 데 매우 유효한 방아쇠 역할을 해준다.

1장에서 예로 든 채소가게처럼 어떤 '난관에 봉착'했을 때 걱정만 하고 있다가는 아무것도 해결되지 않는다. 그 상황에 딱 들어맞는 질문이 있었기에 비로소 문제가 무엇인지 파악할 수 있었고, 해결이 힘들어 보이는 '고민'에서 극복할 수 있는 '과제'로 바뀌게 된 것이다.

아무리 고통스러운 상황 속에서도 좋은 질문을 계속 던질 수 있다면 돌파구를 찾을 수 있다. 또 누군가에게 강요된 것이 아니라 스스로 찾아낸 답이기 때문에 의욕도 저절로 생겨난다.

그러면 질문을 잘할 수 있게 되려면 어떻게 해야 할까? 정답은 평소에도 스스로에게 자연스럽게 질문을 하는 '질문 체질'로 바뀌어야 한다는 것이다. 즉, 질문을 습관화하는 것이 중요하다. 이 장을 잘 숙지하고 수많은 질문들에 답을 하면서 여러분의 질문력을 향상시키기 바란다.

<u>스스로에게 질문</u>(이하 자기질문)을 잘할 수 있게 되면 상대방에 대한 질문도 점차적으로 잘할 수 있게 된다.

관습에 얽매인 '사고 습관'을 바로잡아라

매달 판매 촉진을 위한 아이디어 회의를 하지만 언제나 똑같은 의견과 아이디어뿐이라 고민스럽다는 말을 종종 듣는다. 모든 사람들이 하루하루 펼쳐지는 일상과 사업 현장에서 다양한 경험들을 쌓게 되고 그런 경험들을 통해 조금씩 발전해나가고 있기 때문에 새로운 아이디어가 전혀 없을 수는 없다. 문제는 일상 속에서 느끼는 깨달음과 눈앞에 주어진 과제를 잘 연결하지 못하는 데 있다.

질문에는 자신이 지금 당면한 문제와 자신 안에 있는 축적물, 경험 같은 것들을 연결하는 힘이 있다. 하지만 지금까지의 상식이나 관습에 얽매여 스스로에게 사사건건 제동을 걸게 되면 자유로운 발상이 불가능해진다.

많은 사람들이 예산이 없다거나 권한이 없다, 경험이 없다, 또는 시간이 없다, 상사나 동료가 인정하지 않을 것이다, 전례가 없으니 틀림없이 실패할 것이다 등으로 무의식중에 자신이 내야 할 답의 범위를 축소시켜버리곤 한다. 이러한 '사고 습관'은 자유로운 발상을 방해하는 크나큰 적이다.

스스로에게 질문을 할 때는 이러한 제약들을 분연히 떨쳐버리고, '나에게 무한정의 자금, 권한, 시간이 있다면 무엇이 가능할까?'라는 식으로 자신에게 주어진 자유 재량권을 최대한으로 활용해서 생각해야 한다. 또한 여러 각도에서 아이디어를 넓혀나가는 '확산적 사고'가 효과적이다. 그렇게 하지 않는다면 아무리 좋은 질문이 있어도 늘 똑같은 답의 반복이고 더 이상 아이디어는 확장되지 않는다. 하지만 막상 행동으로 옮기려 했을 때 많은 제약이 따르는 것 또한 사실이다.

그래서 자기질문에서는 처음에는 확산적 사고로 자유롭게 아이디어를 계속 내고 그 과정을 거친 후에 제약을 감안하면서 실행안의 범위를 좁혀나가는 '수렴적 사고'로 옮겨가는 것이 좋다.

처음부터 '수렴적 사고' 모드로 가게 되면 누구나 떠올릴 수 있는 상식적인 아이디어밖에 나오지 않는다. 그러면 '아무리 생각해도 좋은 안(案)이 안 떠오른다' → '불안이 가중된다' → '하지만 어떻게든 해야 해' → '거듭 생각해도 좋은 안이 안 떠오른다' → '불안이 더욱 가중된다' 식의 악순환이 되고 만다.

그래서 앞으로 언급하게 될 '자유로운 발상 확장을 위한 다섯 가지 요령'이 더욱 중요해지게 되는 것이다. 이 다섯 가지 요령을 통해 '사고 습관'을 수정해나가는 것이 질문력을 향상시키는데 가속도를 붙이는 역할을 해준다.

이 다섯 가지 요령은 다음 장부터 나오는 '부하 직원에게 질문하기', '회의에서 질문하기', '고객에게 질문하기'에서도 중요한 포인트가 된다. 앞 장의 '일곱 가지 질문 마인드'에 덧붙여서 이런 것들을 의식하면 큰 도움이 될 것이다.

자유로운 발상 확장을 위한 다섯 가지 '자기질문' 요령

───── '자기질문' 요령 5가지 ─────

❶ '반드시 ~해야만 해' 식 사고를 하지 않는다.
❷ '불가능'을 생각하지 않는다.
❸ 자신을 부정하지 않는다.
❹ 보이지 않는 곳을 의식한다.
❺ 포기하지 않고 방법을 바꾸어본다.

> 자기질문 요령 ①

'반드시 ~해야만 해' 식 사고를 하지 않는다

자기질문에서 과제 해결책을 생각할 때 가장 큰 장애가 되는 것은 '반드시 ~해야만 해' 식의 속단이나 선입견이다. 이런 것들에 의해서 자유로운 발상이 방해를 받게 되면 힘들게 시작한 과제 해결을 위한 사고가 멈춰 서게 된다.

속단이나 선입견을 없애기 위해서는 '~해야만 해', '이렇게 하지 않으면 안 돼'라고 생각되는 것을 '정말 그럴까?', '그 반대로는 안 되는 걸까?'라는 의문을 던지는 것이 중요하다. 세상 사람들이 말하는 이른바 '여론(輿論)'에 귀 기울일 필요는 없다. 자신에게 필요한 해답이지 세상 사람들에게 필요한 해답이 아니기 때문이다.

> 자기질문 요령 ②

'불가능'을 생각하지 않는다

어떤 생각을 할 때 뇌는 무의식중에 '이것은 할만하다', '불가능하다'라는 판단을 한다. '불가능하다'고 생각하는 식의 사고를 지배하는 비율이 높으면 그만큼 자유로운 발상이 제약을 받게 된다. 과제 해결을 할 때 아이디어를 내는 가장 첫 단계에서 '난 못 해'라며 지레 포기해서 선택지의 범위를 좁힐 것이 아니라, '뭐든지 할 수 있다'라는 가정을 전제로 하여 자유롭게 생각하는 자세가 필요하다. 할 수 있을지 어떨지는 나중에 생각하면 되는 것이다.

자기질문 요령 ③

자신을 부정하지 않는다

'나한테는 무리야', '해본 적이 없어서 자신이 없어'라는 식으로 자신을 과소평가해서 새로운 일을 시작할 때부터 주저하는 것은 자유로운 발상을 방해하는 커다란 적이다. 그렇다고 해서 '지금부터 자신감을 가져주세요!'라는 말로 자신감이 가져지는 일은 아닐 것이다.

자신감을 갖기 위해 필요한 것은 우선 자신의 사고방식을 돌아보면서 스스로를 부정하는 면은 없는지 점검해볼 필요가 있다. 그러고 나서 '즐기면서 할 수 있는 일은 없을까?', '당장 할 수 있는 일은 무엇일까?'를 스스로에게 물어보라.

진심으로 가슴 설레며 할 수 있는 일이라면 자신감의 유무와 상관없이 하고 싶은 기분이 들 것이다. 큰 걸음을 떼려고 하면 용기가 필요하지만, 작은 한 걸음을 내딛는다는 기분으로 한다면 그럴 필요가 없다.

자기질문 요령 ④

보이지 않는 곳을 의식한다

인간은 원래 자기가 보고 싶은 것만 보고 듣고 싶은 말만 듣는 경향이 있다.

두 사람이 똑같은 상황, 똑같은 입장에 처해도 보는 것과 듣는 것, 이해하고 있는 것들은 제각기 다르다.

나는 요즘 새로운 서류가방이 하나 필요해서 사고 싶다는 생각을 갖고 있다. 어제 친구와 함께 도쿄역을 지나면서 "검은색 서류가방을 든 사람이 의외로 적네!"라고 말했더니 함께 걷던 친구는 "그래? 나는 전혀 못 느꼈는데?"라고 대답했다. 실제로 '눈'으로 보는 정경은 똑같다. 하지만 '머리'로 보고 있는 것은 서로 다르다. 나는 신경이 온통 서류가방에 쏠려 있어서 거기에 의식이 향해 있었던 것이다.

이처럼 사물은 보는 사람의 의식에 따라서 전혀 다르게 보인다. 또한 빙산의 일각처럼 수면 위로 드러난 부분만 보고 '그것이 전부'인 것처럼 단정해버리는 경우가 많다.

과제를 해결할 때는 자신이 지금 보고 있는 것, 알고 있는 것이 전부라고 생각하지 말고, '나에게 아직까지 보이지 않는 것이 있다면 무엇일까?'를 생각하는 것이 중요하다.

자기질문 요령 ⑤
포기하지 않고 방법을 바꾸어본다

질문을 통해서 많은 사람들과 교류하면서 드는 생각은 만사가 순조로운 사람과 계속 성장해나가는 사람의 공통점은 '포기하지 않는다'는 것, 그리고 설령 실패를 하거나 난관에 부딪혀도 반드시 새로운 방법을 시도해보는 유연성을 갖추고 있다는 것이다.

꿈이나 목표를 이룰 수 있는 유일하고 확실한 방법은 '포기하지 않는 것'이다. 꿈과 목표를 이룰 때까지 포기하지 않으면 반드시 이루어진다. 많은 사람들이 목표를 눈앞에 두고 좌절한다. 어쩌면 그 고비를 뛰어넘을 수 있는지의 여부가 성패를 가르는 길인지도 모르겠다. 그러나 잘못된 방법으로 계속하다보면 성과를 내지 못하거나 목표에 도달하지 못할 수 있다.

일이 순조롭게 진행되지 않는다면 방법을 바꾸어서 계속 시도해 볼 필요가 있다. 그때는 자기 주변에서 잘나가는 성공한 사람들을 떠올리면서 '그 사람이라면 이럴 때 어떻게 할까?'라는 발상법도 도움이 될 수 있다.

습관화하면 좋은 일곱 가지 '자기질문'

'자기질문' 마인드를 잘 숙지했다면 이번에는 질문을 실천해보기로 하자.

여기서 소개하고 있는 것은 '습관화하면 좋은 일곱 가지 자기질문'이다. 이 질문들이 자신의 '사고 습관'으로 정착될 수 있도록 의식적으로 반복해서 질문하기 바란다. 그러면 사고가 점차 유연해지면서 지금까지 보이지 않았던 풍경이 보이게 될 것이다. 그리하여 발상의 종류가 풍부해지면서 마침내 새로운 실마리가 잡히고 돌파구가 열리게 될 것이다.

우리는 무의식중에 '과거에 이런 방식으로 성공했으니까' 혹은 '주변 사람들의 의견이 이러하니까' 식의 과제 해결 방식을 정형화하려는 경향이 있다. 이것은 어찌 보면 스스로가 꼭두각시가 되기를 자처하는 것이나 다름없다.

이러한 속박과 제약에서 벗어나 '지금, 최선의 선택'을 하는 데 도움이 되는 것이 '습관화하면 좋은 일곱 가지 자기질문'이다.

습관화하면 좋은 7가지 '자기질문'

❶ 장점은 무엇인가?

❷ '왜?' × 7

❸ 그렇다면 어떻게 해야 할까?

❹ 어떤 결과가 나왔을 때 가장 만족스러울까?

❺ 차이는 무엇인가?

❻ 정말로 그런가?

❼ 지금 가능한 것은 무엇인가?

습관화하면 좋은 '자기질문' ①

'장점은 무엇인가?'

발상의 제약으로부터 자유로워지는 첫걸음이 사람과 사물의 장점을 보는 것이다.

이상하게도 우리는 자신과 타인의 싫은 부분이나 부족한 부분이 눈에 먼저 들어온다. 원래 인간은 자기 생명을 보호하기 위해 불안하고 불쾌한 것에 민감하게 반응하도록 만들어졌기 때문에 어쩌면 매우 자연스러운 현상일 수 있다. 그래서 더욱더 의식적으로 '장점이 무엇인지'를 찾아낼 필요가 있는 것이다.

예를 들어 어젯밤에 일하느라 세 시간밖에 못 잤다고 하자. 그래도 애써 좋은 점을 찾는다면, '어젯밤에 잠을 설치고 일한 덕분에 기획서 대부분을 완성할 수 있었어. 오늘은 정리만 하면 되겠네?'라는 식의 긍정적인 발상으로 전환할 수 있다.

또 어떤 일을 좀처럼 결정하지 못할 때 '나는 우유부단한 인간이야'라고 생각하는지, '함부로 쉽게 사안을 결정하지 않는 사려 깊은 사람이야'라고 생각하는지에 따라 차후의 사고방식과 행동도 바뀌게 된다. 우유부단하다고 부정하게 되면 거기서 사고는 끝나버리지만, 후자의 경우에는 그 의사결정에 즈음해서 자기 안에서 걸림돌이 되는 것이 무엇인지에 대한 생각을 깊이 할 수 있게 된다. 그 생각을 끝까지 따라가다 보면 보다 나은 의사결정으로 연결될 수 있다.

어떤 사물이나 자기 자신, 상대방의 좋은 점을 발견하고자 하면 시야가 한순간에 넓어지면서 과제해결 방법이 보이게 된다. 그렇게 되면 자연히 인간관계도 좋아지게 되며 조직의 결속력도 높아진다.

> 습관화하면 좋은 '자기질문' ②

'왜?' × 7

'왜?'라는 질문은 질문 중에서도 '으뜸가는' 질문이다.

따라서 새로울 것은 없지만 여기서 다루고자 하는 것은 '왜? × 7'이다. 이것은 '왜?'라는 질문을 일곱 번 반복한다는 의미다.

남에게 '왜?'라고 집요하게 물어보면 싫어하겠지만, 자신에게라면 스스럼없이 물어볼 수 있지 않을까. '왜?'라는 질문은 사물의 원인을 규명할 때 매우 효과적이다.

가령 '매출이 오르지 않는다'는 문제가 있다고 하자.

이 문제 하나만으로 해결책을 강구하기보다는, '왜 매출이 오르지 않는 걸까?' → '고객이 적기 때문이다' → '왜 고객이 적은 걸까?' → '재방문 고객이 적기 때문이다' → '왜 재방문 고객이 적은 걸까?' → '만족도가 낮기 때문이다' → '왜 만족도가 낮은 걸까?'라는 식으로 '왜?'를 반복해서 원인을 파고들어가다 보면 지금 안고 있는 문제의 전체적인 그림이나 과제의 본질이 서서히 드러나게 된다.

이것을 '문제·과제의 가시화(可視化)'라고 일컫는다. 이 과정을 거치지 않고 해결책을 강구하는 것은 어둠 속에서 총을 쏘는 행위와도 같다. 문제를 가시화하지 않는 한 정확한 해결책을 강구할 수 없다.

또한 이때 중요한 것은 질문 마인드 '100% 자기 책임'에서도 언급했듯이, '왜?'라는 질문 후에 '저 사람 때문에'라는 책임을 전가할 '악인(惡人) 찾기' 같은 발상이 되지 않도록 주의하는 것이다. 어떤 상황에서도 자신이 컨트롤할 수 있는 것은 '지금', '여기', '나', 이 세 가지뿐이다. 그 외에는 자기 힘으로 컨트롤하기가 힘들며 설령 바꾼다 해도 많은 어려움이 따른다.

경기가 나쁘다고 아무리 한탄한들 자신의 힘으로 경기를 좋아지게 할 수는 없다. 그렇다면 좀 더 바꾸기 쉬운 것부터 바꾸어나가는 편이 낫다.

'지금', '여기', '나'는 적어도 '타인(他人)'이나 '경기(景氣)'보다는 바꾸기가 쉽다. 그렇게 생각하면 '지금, 내게 무엇이 가능한가?'라는 창조적인 발상으로 이어질 수 있다.

습관화하면 좋은 '자기질문' ③
'그렇다면 어떻게 해야 할까?'

자기질문에서 자유로운 발상의 방해가 되는 또 하나의 큰 원인은 '변명'이다.

인간은 변화를 두려워하는 습성이 있기 때문에 무언가를 시작할 때는 자기도 모르게 '할 수 없는 이유'를 찾아서 납득시키려 드는 경향이 있다. 하지만 변명만으로는 아무것도 해결되지 않는다. 지금 가진 것으로 어떻게든 해결하지 않으면 안 되는 것이다.

예산이 없다거나 해본 적이 없다, 혼자서는 못한다 등으로 머릿속에 가득 변명만 떠오를 때는 그것들을 억누르려 하지 말고 떠오르는 대로 모두 다 말해버리는 것이 좋다. 그리고 우선은 '정말이지 힘들겠구나!'라며 자신을 다독여주자. 그리고 나서 '자기질문 ②'에서 언급했듯이 타인과 환경이 아니라 자신이 할 수 있는 것과 변화시킬 수 있는 것에 대해서 '그렇다면 어떻게 해야 할까?'를 생각해본다.

이 질문을 통해서 비로소 '나는 이 정도로 힘들어!'라는 '자기연민 모드'에서 '어떤 방법이 있을까?'라는 '아이디어 발상 모드'로 전환할 수 있게 된다.

습관화하면 좋은 '자기질문' ④
'어떤 결과가 나왔을 때 가장 만족스러울까?'

하루를 시작할 때나 사람들을 만날 때, 또는 프로젝트나 회의를 시작할 때 등 새로운 일에 착수할 때 그것이 '끝났을 때 어떤 상황이 되어 있는 것이 최선일까?'라는 질문을 해보는 것이 좋다. 일에 착수하기에 앞서 최상의 결과를 미리 상상한 후에 일을 시작하는 것이다.

인간은 신기하게도 한번 목표가 설정되면 무의식중에 그 방향을 향해서 간다고 하니 이 훌륭한(!) 성질을 잘 이용해야 하겠다.

팀을 짜서 일을 할 경우, 회의나 프로젝트에 투입되기 전에 팀원 전원에게 "이 프로젝트가 끝났을 때 어떻게 되어 있는 것이 가장 최선일까?"라는 질문에 답을 하고 공유하면 믿을 수 없을 만큼 굉장한 파워가 생겨서 최상의 결과에 근접할 수 있게 된다.

이때 최종 목표를 대충 설정할 것이 아니라 '목표를 달성했을 때의 최선의 모습'을 상상하는 것이 포인트다.

다음은 질문의 예이다.

아침에 일어나서 '오늘 밤 잠자리에 들기 전, 어떤 모습일 때 가장 만족스러울까?'

일을 시작하기 전에 '퇴근 때 어떤 모습이 가장 만족스러울까?'

고객과의 상담 전에 '상담이 끝난 후 어떤 상황이 가장 만족스러울까?'

인생 설계 '1년 후(또는 5년 후) 어떤 내 모습이 이상적일까?'

최상의 목표를 설정해서 '어떻게 해야 그것이 가능할까?'라는 식으로 미래로부터 역산(逆算)하게 되면 지금 해야 할 일이 구체적으로 보이게 된다.

습관화하면 좋은 '자기질문' ⑤
'차이는 무엇인가?'

'어떤 결과가 나왔을 때 가장 만족스러울까?'라는 자기질문에서 목표가 설정되었다면 다음은 지금의 상태와 목표와의 '차이는 무엇일까?'를 질문해서 그 간극을 찾아본다.

지금 자신의 위치와 목표와의 거리를 알게 되면 '다음에 무엇을 하면 좋은지'가 분명해져서 목표를 향해 한 걸음이라도 전진하기 위한 방법을 생각하기가 쉬워진다.

여기 나보다 훨씬 잘나가는 사람이 있다고 가정해보자. 내가 그 사람처럼 되고 싶다는 생각이 들면 '그 사람과 나의 차이는 뭘까?'라고 스스로에게 질문해보기 바란다. 그러면 표면적인 것이 아니라 본질적인 차이를 깨닫게 된다.

중요한 것은 목표와의 거리가 자신의 행동으로 인해 조금이라도 좁혀진 것을 확인하는 것이다. 그래도 여전히 목표 지점에 근접하지 못했다면 '자기질문 요령 ④'를 참고해서 '안 되는 이유는 어디에 있을까?'라는 질문을 스스로에게 해보기 바란다.

습관화하면 좋은 '자기질문' ⑥
'정말로 그런가?'

어떤 결정을 내릴 때나 새로운 발상을 할 때 '정말로 그런가?'라는 질문을 스스로에게 던져보자. 그러면 자신이 가진 선입견이나 고정관념을 깨닫게 되어 그런 것들을 피해서 사고할 수 있게 된다.

'정말로 그런가?'라고 스스로에게 반문하는 일은 어찌 보면 매우 번거롭고 귀찮은 일일 수 있다. 하지만 인간은 어제와 똑같은 사고의 틀 안에서 생각을 한다. 흔히 질문을 마주할 때 제대로 생각하지 않고 이미 준비된 답으로 대신해버리는 경우가 많다. 그래서는 변화가 일어날 수 없다.

앞에서 '왜?'를 일곱 번 반복해서 과제의 본질적인 원인으로 파고들어가는 사고방식을 소개했는데, '정말로 그런가?'도 생각을 파고들어간다는 의미에서는 매우 중요한 질문이다. 자신의 답을 파고들어가다 보면 '어쩌면 좀 더 다른 시각이 있을지도 몰라', '다른 방식도 있을 거야' 등의 새로운 깨달음이 생기게 된다.

자신 속에서 정형화되어 있거나 루틴화되어 있는 것이야말로 주의해야 할 것들이다. 어제까지는 그것으로 좋았을지 모르지만 오늘의 최선은 아닐 수 있다.

가끔은 '정말로 그런가?'라고 자신에게 질문을 던져보자.

습관화하면 좋은 '자기질문' ⑦
'지금 가능한 것은 무엇인가?'

질문의 최종 목적은 사고를 행동으로 옮기는 일이다.

아무리 좋은 아이디어라도 행동하지 않으면 아무것도 변하는 것이 없다. 생각만 하고 행동으로 옮기지 않는 것은 안타까운 일이 아닐 수 없다. 자기질문에서 과제의 해결책을 파고들어가는 사고를 한 후에 '지금 가능한 것은 무엇인가?'를 생각해보도록 하자.

앞에서 설명했다시피, 아이디어의 발상 단계에서는 여러 제약 조건을 무시하고 자유롭게 생각하는 '확산적 사고'가 중요하다. 그러나 마지막에 행동으로 옮길 때는 제약 조건을 감안해서 행동으로 옮길 사고의 범위를 좁혀나가는 '수렴적 사고'를 하는 것이 좋다.

행동을 선택할 때는 그것을 하지 않으면 안 되는 '두려움의 선택'이 아니라, 하고 싶어서 참기 힘들 정도의 '사랑의 선택'을 하도록 유념한다면 행동으로 옮기기가 훨씬 수월해진다.

거듭 강조하건대, 현재 처한 상황을 변화시키기 위해서는 환경이나 타인이 변화되기를 기대하기보다는 자신에게 가능한 것을 생각하는 편이 더 효과적이며 어려운 상황을 변화시켜 나갈 수 있는 지름길이다.

지금 자신이 할 수 있는 것은 무엇인지를 생각해서 행동으로 옮겨 나가도록 하자.

'나 홀로 회의'를 하자

회의는 적어도 두 사람 이상이 하는 것이라고 흔히들 생각한다. 하지만 자기질문을 이용하면 혼자 하는 회의, 즉, '나 홀로 회의'가 가능해진다. 평범하게 혼자서 생각하는 것이 무슨 회의냐고 반문할지도 모르겠다. 그렇다면 굳이 왜 '회의'라는 이름을 붙였겠는가? 회의에는 형식(회의를 주재하는 의장이 있고 주제가 있다)과 순서가 있어서 그 방식을 따르는 것만으로도 생각이 순조롭게 풀릴 수 있다.

'나 홀로 회의'의 순서는 뒤에 정리해 놓았다.

제일 먼저 회의의 주제를 결정한다. 이 책에서는 '자신의 과제를 가시화한다', '문제를 해결한다', '의욕과 실천력을 고취시킨다', 이 세 가지 주제를 준비했다.

두 번째는 '어떤 결과가 나왔을 때 가장 만족스러울까?'라는 질문에 답한 후에 최고의 목표를 설정한다. 세 번째로는 질문에 답을 한다. 테마별로 A~H까지, 여덟 가지 질문에 답을 한다. 답은 머리로 생각해도 되지만 그 내용을 꼭 종이에 쓰기 바란다(이 책에 써도 상관없다). 생각을 글로 쓰는 것만으로도 뇌에 각인되는 효과가 현저히 높아진다.

'나 홀로 회의' 진행 순서

❶ '회의의 주제'를 정한다.
❷ '어떤 결과가 나왔을 때 가장 만족스러울까?'를 명시한다.
❸ A~H까지의 여덟 개의 질문에 하나씩 답한다.
   이때 반드시 종이에 쓴다.
❹ 답을 적으면서 느낀 점과 깨달은 점을 쓴다.
❺ '언제까지 무엇을 할 것인가?'를 정한다.

그 다음에는 답을 하면서 느낀 점과 깨닫게 된 점을 써나간다. 마지막으로 그 주제에 관해서 '언제까지 무엇을 할 것인가?'를 정한다. 답을 생각만 하는 것이 아니라 행동으로 이어지게 만드는 것이 중요하다.

이 책에서는 '자신의 과제 가시화하기', '문제 해결하기', '의욕 고취시키기'의 세 가지 주제에 대해 '순서 ③'의 질문과 해답 사례도 준비했으니 참고하기 바란다. 해답 사례를 굳이 소개하는 것은 사람에 따라서 다른 관점이 있다는 것을 보여주기 위한 것이지 그것이 정답이라서가 아니다. 또한 여러 다른 관점을 통해 나온 답을 보고 새로운 깨달음이 생길지도 모르기 때문이다. 정답은 질문에 답하는 여러분 자신 속에 있다는 것을 꼭 기억하기 바란다.

그러면 이제 '나 홀로 회의'를 시작해보자.

(이것이 익숙해지게 되면 부하 직원이나 동료들과 함께 답해보는 것도 좋을 것이다!)

나 홀로 회의 — 테마 ①

자신의 과제를 가시화(可視化)한다

이럴 때 물어보자
- 매일이 똑같은 일의 반복처럼 느껴진다.
- 너무 바빠서 내 자신에 대해 차분히 생각할 시간이 없다.

매출이 좀처럼 오르지 않는다. 이리저리 손을 써보지만 어떤 것도 효과를 보지 못했다. 이처럼 절망감을 느끼지만 무엇을 해야 할지 막막하게 느껴질 때는 어쩌면 '문제를 인식하는 방법'이 잘못되어 있을 가능성이 크다. 문제와 과제에 대한 인식이 제대로 되어 있지 않으면 절대로 효과적인 대책을 마련할 수 없다.

자신이 정말 해야 할 일을 찾아내기 위해 우선되어야 하는 것은 현재 상태에 대한 올바른 인식과 자신이 안고 있는 문제나 과제를 제대로 파악하여 가시화하는 작업이다.

과제를 가시화하기 위해 다음 질문에 답해보기 바란다.

이 질문을 통해서 생각해낸 답을 종이에 써서 눈에 잘 띄는 곳에 붙여놓는다.

질문 실천편
자신의 과제를 가시화하는 질문

A부터 H까지 여덟 개의 질문에 대한 답을 생각해보고 종이에 적어보자.

A. 지금 꼭 이루고 싶은 일이 있다면 무엇입니까?

_____
_____
_____
_____
_____

해설 | 우선은 자기 마음속에서 '꼭 이루어지기 바라는 것'을 적어본다. 막연히 생각만을 떠올리는 것이 아니라 글로 적는 것이 중요하다. 문자화된 것을 객관적으로 바라보는 행위를 통해 '무의식'을 '의식화(意識化)'할 수 있고, '언젠가 반드시 이루고 싶다'는 마음이 한결 구체화된다.

B. 그 바람이 이루어지지 않는 이유는 무엇입니까?

해설 | 꼭 이루고 싶었지만 아직까지 실현시키지 못한 이유가 무엇인지를 생각해본다. 크건 작건 간에 실현을 가로막는 어떤 '벽'이 눈앞을 가로막고 있을지도 모른다. 그렇다면 그 벽은 구체적으로 무엇인가?

C. 문제의 원인이 어디에 있다고 생각합니까?

해설 | 그러면 B의 질문을 좀 더 깊이 파고 들어가 보자. 자신이 '벽'이라고 느끼는 것은 표면적인 이유일 수 있으며, 그 이면에는 좀 더 본질적인 원인이 숨어 있을지도 모른다. 그것을 특정(特定)하게 되면 그에 대한 대책도 세울 수 있을 뿐 아니라 마침내 본인이 뜻하는 바를 이룰 수 있게 된다.

D. 지금 가장 큰 문제는 무엇입니까?

해설 | 이번에는 관점을 바꾸어보자. 지금 주변에 어떤 '어려움'이 있는가? 업무적인 것이든 개인적인 것이든 상관없이 지금 고민하고 있는 문제에 대해서 적어보자. 사소한 일이라도 상관없다. 조금이라도 신경이 쓰이는 것은 무엇이든지 적어보자.

E. 무엇이 문제인 것 같습니까?

해설 | D의 질문에 대한 답으로 적은 '문제'의 원인을 찾는 질문이다. 어쩌면 자신이 큰 문제로 생각하고 있었던 것이 사실은 그리 대수롭지 않은 것일 수도 있다.

F. 그런 문제가 발생하는 진짜 원인은 무엇이라고 생각합니까?

_____

_____

_____

_____

해설 | C의 질문과 마찬가지로 이 질문에서는 한 단계 더 깊이 파고들어가서 내면 깊숙한 곳에 있는 본질적인 원인을 찾아본다. 그것을 특정해서 해소시키지 않는 한 같은 문제가 계속 반복될 수 있다. 문제를 일으키는 근본 원인을 찾아내서 없앨 수 있다면 가장 바람직하다.

G. 지금 당장 당신이 해야 할 일은 무엇입니까?

_____

_____

_____

_____

해설 | 이 시점에서 A에서 F까지 자신이 쓴 답을 되돌아본다. 그곳에 분명히 지금 해결해야 할 문제와 과제의 힌트가 많이 있을 것이다. 그 과정을 통해서 자신에게 가장 중요한 문제가 무엇인지 찾아낸다.

H. 문제가 해결된 후 어떤 점이 좋아졌습니까?

_____

_____

_____

_____

해설 | 과제 해결 시의 중요한 포인트는 '어떤 마음가짐으로 임하는가?'이다. '해결하지 않으면 안 돼'라는 부정적인 마음으로 임하기보다, '꼭 해결하고 싶어!'라는 긍정적인 마인드를 갖는 것이 똑같은 해결책을 실행에 옮겼을 때 효과가 더 크다. 그렇게 되기 위해서는 과제가 해결된 후 어떤 좋은 일이 기다리고 있을지를 상상해서 '사랑의 선택'을 하는 것이 좋다.

여덟 가지 질문에 답변을 다 마쳤다면

이 여덟 개의 질문에 답하면서 여러분은 지금 자신이 진정으로 무엇을 원하는지 발견했을 것이다. 그 순간의 떨리는 마음을 소중히 간직하면서 G의 질문을 통해 찾아낸 과제의 해결책을 하나씩 풀어나가자. 어떻게 해야 할지 방법을 잘 모르겠다면 테마 ②의 '문제 해결을 위한 질문'을 참고하기 바란다.

해답 사례 ▶ A씨(지압원 경영, 45세)

A. 지금 꼭 이루고 싶은 일이 있다면 무엇입니까?

매출을 안정적으로 유지하고 싶다. 직원들의 월급을 올려주고 싶다. 좀 더 즐거운 마음으로 일하고 싶다.

B. 그 바람이 이루어지지 않은 이유는 무엇입니까?

고객 유치가 힘들다. 고정 고객(단골)이 적다. 상품이 다양하지 않다. 직원들이 의욕적이지 않다.

C. 문제의 원인이 어디에 있다고 생각합니까?

고객 유치 방법이나 정보가 많이 부족하다. 고객들과의 소통이 부족하다. 회사 내 분위기가 썩 좋지 않다.

D. 지금 가장 큰 문제는 무엇입니까?

사장인 내가 자리를 비우면 업무가 원활하게 돌아가지 않는다. 직원들이 자주 그만둔다. 사내 인간관계가 좋지 않다.

E. 무엇이 문제인 것 같습니까?

내가 현장에 나오게 되면 경영에 제대로 신경을 쓸 수 없다. 직원이 그만둘 때마다 구인(求人) 광고와 교육에 돈과 시간을 투자해야 한다. 그저 일만 하면 그만이라는 식의 마인드뿐 직원들이 의기투합하는 일체감이 없다.

F. 그런 문제가 발생하는 진짜 원인은 무엇이라고 생각합니까?

직원들에 대한 교육이 부족하다. 직원들이 즐겁게 일할 수 있는 환경이 조성되어 있지 않다. 직원들의 불만에 귀를 기울이지 않았다.

G. 지금 당장 당신이 해야 할 일은 무엇입니까?

회사에 대한 불만이 무엇인지 직원들에게 확인해본다. 직원들 교육에 전념한다. 직원들과 함께 즐겁게 일할 수 있는 환경을 만든다. 고객 유치 및 홍보에 대해 공부한다. 직원들과 한마음이 되어 고객의 만족도를 높인다.

H. 문제가 해결된 후 어떤 점이 좋아졌습니까?

모든 직원들이 즐겁게 일하게 되었고 월급도 인상되었다. 모두가 행복해하는 회사가 되었다.

해답 사례 ▶ B씨(건설회사 관리직, 43세)

A. 지금 꼭 이루고 싶은 일이 있다면 무엇입니까?

월급을 인상하고 싶다. 가족과 함께하는 시간을 늘리고 싶다. 업무 스킬을 향상시키고 싶다.

B. 그 바람이 이루어지지 않은 이유는 무엇입니까?

업무 시간이 길어서 가족과 함께 지내거나 공부를 할 시간이 거의 없다. 업무 효율성이 떨어져서 낭비하는 시간이 많다.

C. 문제의 원인이 어디에 있다고 생각합니까?

오래된 업무 방식을 답습하고 있다. 무조건 오랜 시간 일해야 한다는 풍조에 물들어 있다.

D. 지금 가장 큰 문제는 무엇입니까?

상사에게 보고를 하고 싶어도 시간을 잘 내주지 않는다. 팀 협력이 잘 안 된다. 젊은 직원들이 무슨 생각을 하는지 잘 모르겠다.

E. 무엇이 문제인 것 같습니까?

업무의 생산성이 오르지 않기 때문에 시간이 오래 걸린다. 일이 즐겁지 않다. 부하 직원에게 괜히 어려운 일을 떠맡기는 것 같아 부탁도 못하고 결국 내가 하게 된다.

F. 그런 문제가 발생하는 진짜 원인은 무엇이라고 생각합니까?

팀이 잘 구성되지 않는다. 업무 구조를 조정할 시간이 없다. 늘 코앞에 닥친 업무에 쫓긴다.

G. 지금 당장 당신이 해야 할 일은 무엇입니까?

좋은 팀을 만든다. 전체적인 업무 구조를 조정한다.

H. 문제가 해결된 후 어떤 점이 좋아졌습니까?

나를 비롯해서 부하 직원들이 즐겁게 일하게 되었고, 나아가 좋은 성과를 얻게 되었다. 업무 이외에 가족과 지내는 시간이 늘었고 자격증 시험공부를 할 시간이 생겼다.

> **나 홀로 회의 — 테마 ②**
> **문제를 해결한다**
>
> **이럴 때 물어보자**
> - 매출, 고객 유치, 인간관계 등 업무상의 문제에 직면했을 때
> - 여러 문제들로 일이 순조롭지 않은데 그 원인을 알 수 없을 때

　업무상 여러 가지 문제로 위기에 직면했을 때 문제 해결을 위한 강력한 무기로 사용할 수 있는 것이 여기서 소개하는 여덟 가지 질문이다.

　나는 무엇에 대해서 좌절하고 있는지, 잘 되고 있는 것은 무엇인지, 그리고 바로 착수할 수 있는 일이 있는지 등 A에서 H까지의 질문은 한 문제를 여러 각도에서 재검토하여 유연하게 해결책을 찾을 수 있도록 구성되어 있다.

질문 실천편
문제 해결을 위한 질문

　A에서 H까지의 여덟 가지 질문에 대한 답을 생각해서 종이에 적어보자.

A. 지금 해결하고 싶은 문제는 무엇입니까?

_____

_____

_____

_____

해설 | 지금 가장 해결하고 싶은 문제들을 적어본다. 이 작업은 과제를 가시화하는 작업이다. 적는 동안에 그동안 자신이 왠지 모르게 불안해했던 실체의 전체 그림이 보이게 된다. 과제가 분명하지 않으면 해결책을 강구할 수 없다.

'왜? × 7'과 '정말로 그런가?'라는 질문을 자신에게 하면서 본질적인 과제를 찾아본다. 앞 장에서 다룬 '자신의 과제 가시화하기'에서 찾아낸 과제라도 괜찮다. 많이 적었다면 우선순위를 정해서 우선적으로 해결하고 싶은 것을 하나씩 골라서 ○표를 해보자.

다음의 질문은 ○표를 한 것에 대해서 생각해보는 것이다.

B. 이상적으로 생각하는 결과는 무엇입니까?

_____

_____

_____

_____

해설 | 해결하고 싶은 문제가 결국 어떻게 해결되는 것이 이상적인지를 생각함으로써 목표가 명확해진다. 최상의 상태를 생각하는 것이 포인트다. 목표가 바뀌게 되면 무엇을 중시해야 하는지, 또는 무엇을 해야 하는지도 전부 바뀌게 된다. 우선은 최상의 상태를 상상해보자.

C. 지금 순조롭게 잘 진행되고 있는 일은 무엇입니까?

해설 | 문제 해결을 위해 이미 착수하고 있는 일 중에서 순조롭게 진행되고 있는 것에 주목해보자. 인간은 곧잘 '반성'을 하곤 하지만 지금까지 해온 일과 지금 하고 있는 일 중에서 잘 되고 있는 것도 분명히 있을 것이다.

D. 어떻게 하면 문제가 잘 해결될 것 같습니까?

해설 | 부족한 부분을 채워나가는 것도 중요하지만 순조롭게 잘 되고 있는 부분을 더욱 키워나가는 편이 더 쉽고 효과적일 수 있다. 최상의 목표에 근접하기 위해서 자신 있는 부분이나 장점 등 더 발전시킬 여지가 있는 것을 찾아서 더욱 발전시켜 나가도록 한다.

E. 무엇이 문제입니까?

___

___

___

___

해설 | 여기서 관점을 한번 바꾸어보자. 이번에는 잘 되고 있지 않은 부분이 무엇인지를 적어봄으로써 문제의 윤곽을 뚜렷이 부각시킨다. 아직 내가 미처 찾아내지 못한 부분이 있을지도 모른다.

F. 문제의 원인이 어디에 있다고 생각합니까?

___

___

___

___

해설 | E의 질문을 더욱 파고 들어가서 일이 순조롭지 않은 이유를 생각해본다. E와 F의 질문에서 '문제의 가시화'가 진행된다. 문제의 원인을 정확히 파악하지 못하면 해결책을 찾을 수 없다.

G. 만약 모든 것이 가능하다면 어떻게 해결하겠습니까?

해설 | E와 F에서 문제의 원인을 특정했다면, 이 질문에서 문제의 해결책을 생각해본다. 이미 D의 질문에서 순조롭게 진행되고 있는 부분을 발전시키는 방법을 찾아냈다. 그것을 활용해서 어떻게 하면 좀 더 잘해나갈 수 있을지를 검토한다. '할 수 있다'·'못 한다'의 실천 가능 여부보다 아이디어를 내는 것을 우선적으로 생각하는 것이 팁이다. 만약 답을 못 찾아냈을 경우에는 주변 사람에게 의견을 구해보거나 성공한 사람의 사례를 참고하는 것도 방법이 될 수 있다.

H. 지금 당장 할 수 있는 일은 무엇입니까?

해설 | 아무리 좋은 해결책을 찾아내도 행동으로 옮기지 않으면 아무 변화도 일어나지 않는다. 이 질문을 통해서 지금 당장 무엇을 할 수 있을지에 대해서 생각해본다. 이때 '~하지 않으면 안 돼'라는 '두려움의 선택'이 아니라, 자신이 즐기면서 할 수 있는 '사랑의 선택'을 하게 되면 실행에 옮기기가 훨씬 쉬워진다.

여덟 가지 질문에 답변을 다 마쳤다면

이 여덟 가지 질문에 답하면서 여러분은 당면한 문제의 해결책을 찾아낼 수 있었다. 이미 잘 되고 있는 것은 더욱 잘 될 수 있게 한다. 문제가 있는 것은 최상의 상태를 상정해서 개선시켜나가자. 현실을 변화시키는 것은 행동밖에 없다.

우선 할 수 있는 것부터 해보자.

해답 사례 ▶ A씨(지압원 경영, 45세)

A. 지금 해결하고 싶은 문제는 무엇입니까?

어떻게 하면 직원들이 기분 좋게 일할 수 있는 회사를 만들까 하는 것.

B. 이상적으로 생각하는 결과는 무엇입니까?

항상 웃는 얼굴로 즐겁게 일하는 회사, 아무도 그만두지 않는 회사, 출산 등의 이유로 그만두었다가도 다시 복귀하는 회사, 이 회사에서 일하는 것을 자랑스럽게 여기는 회사가 되는 것.

C. 지금 순조롭게 잘 진행되고 있는 일은 무엇입니까?

직원 한 사람 한 사람과 대화하는 것.

D. 어떻게 하면 문제가 잘 해결될 것 같습니까?

직원들과 좀 더 진지하게 대화를 나눌 수 있도록 카페에서 커피를 마시면서 이야기를 들어준다.

E. 무엇이 문제입니까?

직원들의 속마음을 들어볼 기회가 많지 않다. 직장 분위기가 좋지 않은 이유를 잘 모르겠다.

F. 문제의 원인이 어디에 있다고 생각합니까?

직원들이 사장인 나에게 마음을 터놓지 못했다. 나 역시도 회사 내의 문제에 대해 신경을 많이 못썼다.

G. 만약 모든 것이 가능하다면 어떻게 해결하겠습니까?

직원들이 마음을 쉽게 열 수 있게 나 자신이 바뀌어야 하고, 나 또한 직원들에게 내 마음을 털어놓고 싶다. 또 열린 마음으로 그들의 이야기를 들어주겠다. 회사에 있는 시간을 늘린다. 직원들과 함께 식사를 자주 하겠다.

H. 지금 당장 할 수 있는 일은 무엇입니까?

우선 직원들과 함께 식사를 하러 가겠다. 직원들이 마음을 쉽게 열 수 있는 사람을 찾아본다.

해답 사례 ▶ B씨(건설회사 관리직, 43세)

A. 지금 해결하고 싶은 문제는 무엇입니까?

어떻게 하면 사업의 전반적인 구조를 개선할 수 있을까?

B. 이상적으로 생각하는 결과는 무엇입니까?

지금까지 해오던 방식에 얽매이지 않고 지금 할 수 있는 최선의 방식으로 업무를 하게 되면 시간 낭비가 없을 것 같다.

C. 지금 순조롭게 잘 진행되고 있는 일은 무엇입니까?

아직 충분하지는 않지만 문제의식을 갖고 있다고 생각한다.

D. 어떻게 하면 문제가 잘 해결될 것 같습니까?

어떤 문제가 아직 남아 있는지 계속 찾아본다.

E. 무엇이 문제입니까?

많은 직원들이 '업무 방식에 문제가 있다'고 느끼고 있는데도, 눈앞의 산적한 업무를 처리하느라 바빠서 손을 못 대고 있다. 또 경영진에게 이야기를 해도 잘 들어줄지 어떨지 확신이 서지 않아서 '무사안일주의'가 되어버린다.

F. 문제의 원인이 어디에 있다고 생각합니까?

의견을 얘기할 기회가 없다. 개선을 위한 시간과 장치가 없다.

G. 만약 모든 것이 가능하다면 어떻게 해결하겠습니까?

상사에게 제안해서 직장 구성원 전체가 함께하는 '개선 팀'을 만든다.

H. 지금 당장 할 수 있는 일은 무엇입니까?

직장에서 어떤 문제가 있는지 구체적으로 파악한다. 부하 직원에게도 물어본다.

> **나 홀로 회의 — 테마 ③**
> **의욕과 실천력을 고취시킨다**
>
> **이럴 때 물어보자**
> - 최근 들어 업무에 대한 불만불평이 부쩍 늘었다.
> - 좀 더 업무에 몰입하고 싶다.

내가 생각하는 이상적인 업무 스타일은 '변명의 여지가 없는' 방식이다.

일과 관련된 여러 가지 사실이 진심으로 납득할 수 있는 상태라면, 어떤 각오가 생겨서 불평불만 하는 것 자체가 시간 낭비로 여겨질 것이다. 따라서 스트레스도 쌓이지 않는다.

테마 ③의 '나 홀로 회의'에서는 자신이 어떤 스타일로 일하고 싶은지에 대해 구체화시켜본다. 질문에 답하는 포인트는 앞에서와 마찬가지로, '~해야 한다'와 같은 '두려움의 선택'의 관점을 버리고 '~하고 싶다'는 '사랑의 선택'을 하는 것이다.

나아가서 '어차피 무리야'라는 사고방식도 봉인(封印)해두자. 언뜻 떠오르는 생각에 대해서 스스로가 '어, 좋은데?'라며 맞장구를 쳐주는 것도 좋은 방법이다.

> 질문 실천편

의욕과 실천력 고취를 위한 질문

A부터 H까지 여덟 개의 질문에 대한 답을 생각해서 종이에 적어 보자.

A. 만약 돈에 구애받지 않는다면 하루하루를 어떻게 보내고 싶습니까?

_____

_____

_____

_____

해설 | 일에는 두 가지 측면이 있다. 하나는 수입을 위한 것이고, 다른 하나는 자기만족을 위한 것이다. '수입'이라는 측면이 두려움을 유발해서, '싫어도 일이니까 참아야지'라는 생각으로 살아가는 사람이 많을 것이다. 하지만 이왕 해야 하는 일이면 즐겁게 하는 것이 낫지 않을까?

여기서는 '돈'이라는 금전적인 문제는 일단 접어두고 진심으로 하고 싶은 일을 생각해보자.

B. 어떤 순간에 행복하다고 느낍니까?

해설 | 어떤 때 행복감을 느끼는지는 사람마다 다르다. 행복을 느끼는 순간이 사적(私的)인 것이든, 업무적인 것이든 많을수록 좋다. 자신이 어떤 때 충족감을 느끼는지를 확인해서 어떤 식으로 그 순간들을 늘려나갈지 고민해보자.

C. 일을 통해서 얻고 싶은 것은 무엇입니까?

해설 | 자신은 무엇을 위해 일하는지, 일을 통해서 무엇을 얻고자 하는지에 대한 동기와 목적을 생각하는 질문이다. 일에 보람을 느껴서인지, 돈 때문인지, 아니면 충족감이나 도전정신 때문인지를 생각해본다. 자신이 얻고자 하는 것이 명확해지면 어떤 방식으로 일을 해야 하는지도 자연스럽게 터득하게 된다.

D. 일을 통해서 얻을 수 없는 것은 무엇입니까?

_____

_____

_____

_____

해설 | 보통 때는 별로 생각해보지 않은 질문일 수도 있다. 하지만 일을 통해서 얻을 수 없는 것도 있다. 그런 생각들을 통해서 일 이외의 사적인 면도 충실하게 채워갈 수 있다.

E. 인생에서 가장 소중하게 생각하는 것은 무엇입니까?

_____

_____

_____

_____

해설 | 일과 인생은 서로 크게 영향을 주고받는다. 대부분의 사람들은 인생의 절반 이상의 시간을 '일'을 하면서 보낸다. 그래서 더욱더 인생에서 소중한 것을 일을 하는 동안에도 소중하게 지켜나가야 하는 것이다. '인생'이라는 관점에서 '일'에 대해 재검토해보자.

F. 어떤 환경에서라면 기분 좋게 일할 수 있습니까?

해설 | 일을 즐거운 마음으로 하는 사람과 그렇지 못한 사람, 어느 쪽이 좋은 결과를 가져올까? 보지 않아도 답은 명백하다. 일은 스트레스를 받지 않고 즐거운 마음으로 하는 것이 회사나 자신에게 좋은 결과를 가져다준다. 어떤 환경에서 자신의 능력을 충분히 발휘할 수 있을지를 생각해본다.

G. 하고 싶지 않는 일은 무엇입니까?

해설 | 일에서 중요한 관점은 '가장 실천력을 발휘할 수 있는 것에 집중하는 것'이 아닐까?

그러기 위해서는 조금 이기적일 수 있지만, '하고 싶지 않는 일은 하지 않는다'라는 시각을 갖는 것도 중요하다. 적성은 사람마다 제각기 다르다. 어떤 조직이나 사회에는 여러분이 하고 싶지 않은 것을 하고 싶어 하는 사람도 있다. 자신이 좋아하고 잘하는 것을 서로 교환할 수 있다면 좋지 않을까?

H. 일을 할 때 중요하게 생각하는 것은 무엇입니까?

_____

_____

_____

_____

해설 | 일을 하는 데 있어서 '이것만은 양보할 수 없다'고 생각하는 것을 더욱 명확하게 해주는 질문이다. 지금까지의 A에서 G까지의 답을 참고해서 '중요하게 생각하는 열 개 조항'을 만들어보자. 즐겁게 일하면서 능력을 최대한으로 발휘할 수 있도록 이 열 개 조항을 지켜나가면 좋을 것이다.

여덟 가지 질문에 답변을 다 마쳤다면

이 여덟 가지 질문에 답하는 동안에 자신도 몰랐던 자신의 '진심'을 깨닫게 되었을 것이다. 일하는 방식을 재검토하는 것은 자신에게나 회사에게 모두 바람직한 일이다. 자신이 기분 좋게 일할 수 있는 방식을 정립해나가도록 하자.

해답 사례 ▶ A씨(지압원 경영, 45세)

A. 만약 돈에 구애받지 않는다면 하루하루를 어떻게 보내고 싶습니까?

시간과 일에 쫓기지 않는 생활. 좋아하는 일을 하고 싶을 때 하는 하루하루가 되었으면 좋겠다.

B. 어떤 순간에 행복하다고 느낍니까?

고객에게 고맙다는 인사를 받았을 때와 직원들이 한층 성장했을 때. 또 매출이 늘었을 때와 맛있는 맥주를 마실 때.

C. 일을 통해서 얻고 싶은 것은 무엇입니까?

성취감. 사람을 양성하는 일. 보람과 즐거움.

D. 일을 통해서 얻을 수 없는 것은 무엇입니까?

가정적인 행복. 매출로는 이어지지 않지만 즐거운 일. 단순한 즐거움. 힐링.

E. 인생에서 가장 소중하게 생각하는 것은 무엇입니까?

끝까지 해내는 끈기. 사람을 소중하게 여기는 마음. 후회하지 않는 것.

F. 어떤 환경에서라면 기분 좋게 일할 수 있습니까?

불평불만이 적고 나와 연관된 모든 사람들이 행복한 환경. 나를 포함한 모든 사람들이 재능을 충분히 발휘하고 의욕적으로 일할 수 있는 환경.

G. 하고 싶지 않는 일은 무엇입니까?

싫어하는 일을 하는 것과 하기 싫은 일을 강요당하는 일. 화내는 일. 누군가를 해고하는 일. 억지로 일하거나 일을 강요하는 것.

H. 일을 할 때 중요하게 생각하는 것은 무엇입니까?

좋아하는 일만 한다. 주변 사람들이 즐겁게 일할 수 있도록 한다. 직원들과 업무 이외의 모임을 만든다. 불평하지 않는다. 혼내지 않고 '지도'를 한다. 사람을 소중히 여긴다. 매출만을 의식하지 않는다. 즐긴다. 타성에 젖지 않도록 한다. 책임을 진다.

해답 사례 ▶ B씨(건설회사 관리직, 43세)

A. 만약 돈에 구애받지 않는다면 하루하루를 어떻게 보내고 싶습니까?

일주일의 반은 내가 정말로 좋아하는 일을 하고 싶다. 나머지 반은 놀면서 지낸다.

B. 어떤 순간에 행복하다고 느낍니까?

매달 목표치를 달성했을 때. 집에 돌아와서 맥주 한 잔을 마실 때. 아이들과 함께 놀아줄 때. 고객에게 고맙다는 인사를 받았을 때.

C. 일을 통해서 얻고 싶은 것은 무엇입니까?

많은 월급. 내가 누군가에게 필요한 사람이라는 느낌. 자신의 성장.

D. 일을 통해서 얻을 수 없는 것은 무엇입니까?

놀이. 단순하게 즐기는 시간. 가족애.

E. 인생에서 가장 소중하게 생각하는 것은 무엇입니까?

가족을 지키는 일. 아이들을 어엿한 성인으로 키우는 일. 불평불만하지 않기.

F. 어떤 환경에서라면 기분 좋게 일할 수 있습니까?

상사에게 하고 싶은 말을 할 수 있는 환경. 제대로 평가를 받을 수 있는 환경. 낭비가 없는 환경.

G. 하고 싶지 않는 일은 무엇입니까?

납득할 수 없는 일. 부하 직원을 속이는 일. 고객을 속이는 일.

H. 일을 할 때 중요하게 생각하는 것은 무엇입니까?

하고 싶은 말을 한다. 전력을 다한다. 불필요한 일을 하지 않는다. 혼자서 하지 않는다. 부하 직원을 믿어준다. 부하 직원을 소중히 여긴다. 거짓말을 하지 않는다. 무턱대고 일만 하지 않는다. 협동심을 기른다.

4장

부하 직원에게 질문하기

상사라면 누구나 부하 직원에게 바라는 것이 있다. 일을 의욕적으로 하면서 일일이 지시하지 않아도 자발적으로 척척 업무처리를 해서 성과를 내주기를 바란다. 어떻게 하면 그런 이상적인 상황을 만들 수 있을까? 부하 직원에 대한 불만의 원인은 사실 부하 직원이 아니라 상사인 당신에게 있다. 따라서 당신의 사고방식이나 접근방식을 조금 바꾸기만 하면 해결된다. 이 장에서는 부하 직원과의 관계를 극적으로 변화시키는 질문에 대해 알아보기로 하겠다.

진정한 리더십이란 무엇인가

현재, 부하 직원과의 관계는 원만한가?

최근에 경영인들을 만나서 많은 이야기들을 듣고 있는데 하나같이 하는 얘기가, 부하 직원이 일을 하지 않는다, 생각이 없다, 시야가 좁다, 자발적으로 일하지 않는다는 등의 고민이었다.

하지만 그게 사실일까?

나 자신도 예외가 아니었지만, 상사가 되면 왠지 자신이 훌륭한 사람이 된 것 같은 착각이 든다. 또한 부하 직원은 자신이 하는 말은 무슨 말이든지 들어야 한다고 생각한다. 하지만 상사가 그런 의식을 갖고 있는 한 부하 직원은 결코 마음을 열지 않는다.

부하 직원이 상사를 '지배하는 사람'으로 인식하게 되면 사물의 판단 기준이 '고객을 위한 것인가?', '좋은 상품인가?'가 아니라 '상사에게 혼나지 않을까?'가 되어버리기 때문에 모든 의사결정은 상사의 눈치를 살핀 후에 하게 된다. 그렇게 되면 창의력이 생길 여지가 없게 된다.

보통 자신과 다른 가치관을 지닌 사람을 만나게 되면 자기도 모르게 상대방을 부정하고 싶어진다. 하지만 잘 생각해보면 지금 상사인 사람들도 젊은 시절에는 분명히 '요즘 젊은 애들은 문제야'라는 말을 들으면서 눈살을 찌푸리게 하는 행동을 했을 것이다. 그렇게 세대는 계속 되풀이되어 가는 것이다.

상대방을 부정하는 것은 쉽다. 하지만 그렇게 해서 해결되는 것은 아무것도 없다. 다르다는 것을 전제로, '자, 그렇다면 어떻게 해야 할까?'를 생각해보도록 하자.

부하 직원을 '우리 안의 호랑이'로 만들고 있는 것은 아닌가?

내가 고문을 맡고 있는 거래처의 사장님에게 한번은 이런 말을 한 적이 있다.

"사장님의 부하 직원들은 원래 호랑이처럼 씩씩한데, 우리 안에 가두어놓고 자신이 하는 말만 듣도록 길들이고 계시지는 않습니까?"

자신의 기준이라고 하는 '우리' 안에 직원들을 가두어놓고, 때가 되면 월급이라는 이름의 밥을 주면서 자신이 하는 말을 듣지 않으면 가르쳐서 길들이려 한다. 그럼에도 불구하고 사장은 직원들에게 '왜 너희들은 스스로 먹이를 찾으러 나서지 않는 건가?'라며 화를 낸다.

"직원들을 우리 안에 가둔 것은 사장님이신데 이렇게나 불만을 잔뜩 안고 계시다니 모순 아닌가요?"라고 내가 물었다.

그랬더니 사장이 뭔가 뜨끔했는지 고개를 숙인 채 한참을 생각에 잠겨 있었다. 마침내 입을 열더니 "정말, 그랬는지도 모르겠네요"라는 말을 했다. 그때 그의 눈에는 눈물이 고여 있었다.

'질문 마인드'에서 '100% 자기 책임'이라는 이야기를 했는데, '부하 직원이 말이야'라는 불만을 상사가 가질 때, 그 원인은 거의 100% 불만을 가진 상사 자신에게 있다고 해도 좋을 것이다.

따라서 상사의 해결책은 부하 직원을 변화시키는 것이 아니라 상사 자신이 변화되어야 한다는 것이다. 그렇게 되면 결과적으로 부하 직원도 변화된다.

'답'은 부하 직원이 갖고 있다

조직의 리더는 제품개발이나 고객 서비스 등 사업의 새로운 아이디어와 개선책에 대한 답은 항상 고객과의 사이에 있다는 것을 반드시 명시해야 한다. 그리고 사내(社內)에서 고객과 가장 친밀한 감각을 지니고 있는 것도 현장에서 고객을 접하는 부하 직원이다.

현장에서 거리가 멀수록 고객의 기분이나 감정을 제대로 파악하기 힘들며 판단이 흐릴 수밖에 없다. 따라서 리더의 역할은 부하 직원이 자유롭게 발상할 수 있는 환경을 만들어주면서 서포트하는 것이지 지시나 명령을 통해 부하 직원을 장기의 말처럼 부리는 것이 아니다.

우리는 지금 급변하는 시대, 예측 불능의 시대를 살고 있다. 절대로 안전하다고 생각했던 기업들이 도산하기도 하고, 인터넷 보급으로 인해 소비 패턴이 바뀌었거니와 판매자와 소비자 사이의 담이 허물어져서 어제까지 정답이었던 것이 오늘은 더 이상 통용되지 않는 시대를 살고 있다.

그런 가운데서 기업이 성장을 꾀하기 위해서는 지금까지의 상식이나 성공체험에 얽매이지 않고 소비자 니즈의 변화에 민감하게 반응해서 상품과 서비스에 발 빠르게 반영해나가는 길밖에 없다.

그렇게 되기 위해서는 상사의 톱다운(Top-down) 방식으로 사고를 진전시키기보다는 고객을 최전선에서 접하는 직원들에게 자유로운 발상을 하게 해서 그것을 상품과 서비스에 어떻게 반영해나갈 것인지가 중요한 키포인트가 된다.

다시 강조하지만, 생생하게 살아 있는 '답'은 부하 직원이 갖고 있다. 모든 문제 해결의 키는 부하 직원이 갖고 있으므로 리더의 역할은 부하 직원에게 자신의 생각을 강요하는 것이 아니라, 상사의 존재라는 중압감에서 부하 직원을 해방시켜 그들로부터 '답'을 이끌어 내는 데 있다.

그럼 여기서 리더들에게 질문을 해보기로 하겠다. 이 질문을 통해서 부하 직원을 대하는 태도와 방식에 대해서 다시 한 번 검토해보기 바란다.

Q. 당신에게 이상적인 상사란 어떤 사람입니까?

_____
_____
_____
_____

Q. 부하 직원이 어떤 사람으로 성장하기를 바랍니까?

_____
_____
_____
_____

Q. 상사로서의 여러분의 역할은 무엇입니까?

_____
_____
_____
_____

Q. 상사로서 무엇을 가장 중요하게 생각합니까?

_____
_____
_____

'부하 직원의 능력을 이끌어내는 질문' 여섯 가지

이번에는 부하 직원에게 질문을 할 때 특히 의식을 하면 좋은 여섯 가지 요령을 소개하기로 하겠다.

여러 번 강조하지만, 똑같은 질문을 해도 변화되는 사람과 그렇지 않은 사람이 있다. 따라서 자칫 질문을 그르치게 되면 역효과가 날 수 있다. 따라서 부하 직원에게 질문하기 전에 이 여섯 가지 요령을 터득해서 잘 활용하기 바란다. 또 가끔씩 되돌아보면서 자신이 제대로 하고 있는지를 체크해보기 바란다.

부하 직원에 대한 질문 요령 ①
질문의 목적을 명확하게 전달하고 상대방의 답을 소중히 여겨라

목적을 제대로 전달하지 않은 채 불쑥불쑥 질문을 하게 되면 부하 직원은 '또 질문이야? 정말 귀찮은 상사로군'이라는 생각을 갖게 된다.

부하 직원에 대한 6가지 질문 요령

❶ 질문의 목적을 명확하게 전달하고 상대방의 답을 소중히 여겨라.
❷ 상대방을 위한 질문을 하라.
❸ '좋은 생각이야!'라며 받아들여라.
❹ 입보다 귀를 사용하라.
❺ 분위기가 고조되는 순간을 놓치지 마라.
❻ 개인의 '호불호(好不好)'와 '일'을 분리하라.

"사흘 후에 있을 간부 회의에서 제안하고 싶으니 여러분의 의견을 좀 들어보고 싶어요"라는 식으로 질문의 목적을 명확하게 전달하자. 또 질문에 답을 해주었는데 추후에 아무런 변화가 없으면 '어차피 의견을 말해봤자 바뀌는 건 아무것도 없는데, 뭐'라는 생각을 갖게 되어 제대로 된 답을 해주지 않게 된다. 부하 직원의 답이 어떤 식으로 활용될 것인지에 대한 구체적인 내용을 알려주는 것이 중요하다.

부하 직원에 대한 질문 요령 ②
상대방을 위한 질문을 하라

질문은 자신을 위한 것이 아니라 상대방을 위한 것이다(1장 '질문의 정의'). 우리는 종종 상대방에게 상처를 주거나 책임을 추궁하는 질문(예 : '왜 이런 일도 제대로 못 해?', '월요일까지 끝내라고 했잖아?' 등)을 하곤 하는데, 이런 말을 하면 본인의 가슴은 후련해질지 모르나 상대방에게는 마이너스 효과밖에 주지 않는다. '이 질문은 상대방을 위한 것일까?'라는 질문을 스스로에게 해보기 바란다.

부하 직원에 대한 질문 요령 ③

'좋은 생각이야!'라며 받아들여라

부하 직원에게 질문을 던진 후 그에 대한 답을 들을 때 "음…… 그건 좀 그렇지 않나?", "그건 아니잖아?" 식의 판단은 피하는 것이 좋다(질문 마인드 ④ '모든 대답은 정답이다' 참고). 질문의 목적은 부하 직원의 사고를 이끌어내는 데 있다. 질문하는 측이 답을 듣고 판단을 해버리면 부하 직원은 그 순간부터 사고정지 상태에 돌입해서 자신의 생각이 아니라 상사의 마음에 드는 답을 찾게 되기 때문에, 그 시점에서 더 이상 사고가 확장되지 않는다.

내가 고문을 맡고 있는 에스테틱 숍에서 있었던 일이다.

그 가게의 오너는 대형 에스테틱 숍에서 근무하다가 독립해서 가게를 냈다. 자신의 가게를 오픈한 후부터 그녀는 계속 블로그를 운영하면서 고객들을 유치했다. 또 부하 직원들에게도 블로그를 하도록 강권했다. 하지만 고교를 갓 졸업한 젊은 여사원은 블로그를 하지 않았다. 그래서 그 이유를 물었더니 그녀는 "요즘 젊은 고객들은 블로그 같은 거 안 해요. 인스타그램이 더 효과적이에요"라고 말해주었다.

오너의 입장에서 보면 자신은 블로그를 통해서 고객을 유치했고 그것으로 성공했기 때문에 직원들에게도 똑같은 방법을 요구하고 싶은 마음이 있을 것이다. 하지만 옳고 그름을 떠나서 판단을 하지 않고, "와~ 좋은 생각인데! 한번 해보면 어때?"라고 직원의 의견을 적극 받아들였다. 그랬더니 그때부터 그 여직원의 눈빛이 바뀌면서 인스타그램에 몰두했다.

전에는 언제나 고개를 푹 숙이고 아래만 쳐다보았던 그녀가 눈빛이 바뀌면서 직접 잘나가는 다른 점포의 인스타그램을 조사하기도 하고 나에게 질문을 하기도 하면서 자발적으로 일을 하게 되었다. 그 결과, 전체 사원 중에서 최하위였던 그녀의 실적이 2위로 껑충 뛰어 올랐다.

이 사례를 통해서도 알 수 있듯이 상사가 생각하는 것만이 '정답'은 아니다. 자신과 다르다고 해서 부정만 한다면 사고의 확장은 일어나지 않는다.

상사는 부하 직원이 하는 어떠한 답도 우선은 "좋은 생각이네!"라고 말하면서 받아들여야 한다. 답을 듣고 나서 자신의 생각과 다르다고 느껴도 부하 직원의 답을 부정하지 말고 "왜 그렇게 생각하지?"라고 물어본다. 그러면 상사가 미처 생각지 못한 어떤 발견이나 깨달음이 생길 수 있다.

또한 부하 직원의 답을 듣고 좀 더 구체적으로 알고 싶은 생각이 들면 "그 생각을 뭔가 다른 말로 바꾸면 어떻게 될까?", "그건 무슨 말이지?"라는 식으로 부하 직원과 한마음이 되어서 생각을 좀 더 깊이 파고들어가는 것이 바람직하다.

부하 직원에 대한 질문 요령 ④
입보다 귀를 사용하라

질문이라는 것은 당연히 입을 사용해서 하는 것이지만 질문하는 사람의 바람직한 태도는 입보다는 귀를 사용해야 한다는 것을 명심하기 바란다.

부하 직원과 대화 중에 90%는 부하 직원이 말을 하고 상사는 오로지 경청하는 것이 이상적인 자세다. 질문의 목적은 부하 직원의 사고를 이끌어내는 것이기 때문에 상사가 지나치게 말을 많이 하면 부하 직원의 생각을 이끌어내기는커녕 상사 자신의 사고를 강요하는 것이 되고 만다.

상대방의 말이 다 끝날 때까지 잘 들어주자. 상사는 뭔가 하고 싶은 말이 있어도 끝까지 참아준다. 상대방으로부터 답이 잘 나오지 않아도 서두르지 말고 인내를 갖고 기다려준다. 침묵의 시간을 두려워해서는 안 된다.

부하 직원에 대한 질문 요령 ⑤
분위기가 고조되는 순간을 놓치지 마라

자신감에 차 있을 때, 어떤 주제에 대해 관심이나 흥미가 있을 때, 또는 자존심이 충족될 때가 '도약 포인트'라고 할 수 있다. 고객 유치에 대한 이야기를 하고 있을 때는 아래만 보고 있던 직원이 신제품 개발로 화제가 바뀌는 순간 눈빛이 반짝거리는 것을 본 적이 있다. 그 직원에게 있어서 신제품 개발이 자연스럽게 의욕을 불러일으켰고 자신의 개성과 재능을 발휘할 수 있는 '도약 포인트'였던 것이다. 그 직원에게는 그 일을 맡겨서 업무에 잘 활용하면 좋다. 상대방이 도약하는 시점을 잘 포착해서 질문을 계속 해보는 것도 좋은 방법이다.

부하 직원에 대한 질문 요령 ⑥
개인의 '호불호(好不好)'와 '일'을 분리하라

아무리 상사와 부하 직원의 관계라 해도 인간이기 때문에 마음이 잘 맞지 않는 경우도 생긴다. 하지만 인간적인 좋고 싫음과 일은 전혀 별개의 이야기다. 100% 똑같은 가치관을 지닌 사람은 이 세상에 존재하지 않는다고 생각하는 것이 차라리 마음 편할지도 모르겠다.

부하 직원의 의견을 듣지 않고 자신의 가치관을 따르게 하는 것이 어찌 보면 편할 수는 있다. 하지만 생각이 다르기 때문에 많은 사람들이 모여서 조직을 이루고 또 거기에서 의견의 확장이 생겨 혼자의 힘으로는 불가능했던 일도 해낼 수 있게 되는 것이다.

다양성을 잘 활용하면 엄청나게 큰 시너지를 얻게 된다. '차이'를 없애려고 할 것이 아니라, '차이'를 어떻게 잘 살려나갈까를 고민하는 것이 훨씬 좋다.

한편 부하 직원들이 상사인 자신을 좋아하지 않는다는 생각이 든다면 개선이 필요하다. 싫어하는 상대로부터 질문을 받았을 때 아무도 열심히 고민해서 답을 하려 들지 않는다. 관계 개선을 위해서는 다시 한 번 2장의 '일곱 가지 질문 마인드'를 읽어보고 실천하면 좋을 것이다.

질문이 제대로 효과를 발휘하지 못하는 원인은 100% 질문하는 측에 있다고 필자는 생각한다. '어떤 사람한테 질문을 받으면 마음을 열겠는가?'라는 질문을 자신에게 해보는 것도 효과적이다.

우선 나부터 마음을 열도록 하자.

'부하 직원의 능력을 이끌어내는 질문'을 목적별로 활용하자

부하 직원에 대한 질문을 목적별로 준비해보았다. 일상 업무 중에 부하 직원에게 계속 질문을 던져보는 것이 좋다.

부하 직원과 잠시 대화를 나누는 중에도 질문을 활용하면 인간관계를 개선시킬 뿐 아니라 부하 직원의 능력을 이끌어내서 자신감을 갖게 만들고 발전에 도움을 줄 수 있다.

목적 ① 마음의 거리를 좁히고 싶다

Q. "어디 출신이지?", "축구(또는 야구)를 좋아하나?"

자신이 던지는 질문을 상대방이 거부감 없이 받아들일 수 있도록 하려면 상대방과의 심리적 거리를 좁혀 나갈 필요가 있다. 방법에는 여러 가지가 있지만 가장 쉽고 간단한 것은 상대와의 공통점을 발견하는 것이다.

첫 대면의 상대라도 출신지가 같다거나 취미가 같으면 훨씬 쉽게 마음을 열게 된다. 살고 있는 동네나 자주 찾는 가게, 좋아하는 음식이나 술, 스포츠나 연예인 등 많은 것이 있다. 장르를 넓혀나가게 되면 반드시 공통점을 발견할 수 있다. 발견하게 되면 그 화제를 매개로 삼아 심리적인 거리를 좁혀나가자.

목적 ② 아이디어를 짜내고 싶다

Q. "어떻게 생각하나?"

상사가 부하 직원에게 뭔가 일을 부탁할 때는 '이것 좀 해라' 식의 지시형 명령을 내리는 경우가 많다. 그 전에 먼저 그 업무의 내용이나 목적, 방법에 대해서 "어떻게 생각하나?"라고 의견을 물어본 후에 상대방이 생각할 시간을 주면 거기에서 주체성이 생겨서, '지시하고 지시받는' 식의 대립관계가 아니라 '함께 새로운 아이디어를 창출해내는' 공존관계를 만들 수 있다.

이 질문에 대한 답을 들은 후에 "우선 무엇부터 시작할까?"라고 상사가 부하 직원에게 일을 부탁하면 부하 직원은 '강요당하는 느낌'이 한층 줄어들게 된다. 그리하여 상사 혼자만의 생각이 아니라 부하 직원의 생각도 함께 받아들이게 됨으로써 더욱 폭넓고 깊이 있는 아이디어를 고안해낼 수 있게 된다.

다만 이때 조심해야 할 것은 "어떻게 생각하나?"라는 질문을 부하 직원에게 던질 때 이쪽이 답을 쥐고 있으면서 시험하는 듯한 느낌의 '퀴즈'가 되지 않도록 주의해야 한다. 상사로부터 시험 당하고 있다는 느낌을 받게 되면 대립관계가 한층 깊어지게 된다.

중요한 것은 상대방을 배려하고 믿으면서 질문하는 것이다(질문 마인드 ② '상대방을 신뢰하라' 참고).

목적 ③ 부하 직원의 불평불만에 대처하기

Q. "자네라면 어떻게 하겠나?"

어떤 일이 순조롭게 진행되지 않을 때 사람들은 곧잘, 저 사람이 나쁘네, 예산이 적네, 경영진의 방침이 잘못되었네, 의사결정이 느리네 등으로 조직이나 남의 탓으로 돌리곤 한다.

이렇게 잘못된 것을 주변 탓으로 돌리게 되면 그 시점에서 사고가 정지되고 말아 새로운 것을 창출해내지 않게 된다. 부하 직원으로부터 이러한 불만이나 불평이 나올 때 "자네라면 어떻게 하겠나?"라는 질문을 던져서 당면한 문제를 '남의 일'에서 '자기 일'로 전환시키게 만드는 것이 중요하다.

남의 탓을 하는 한 아무것도 바뀌지 않는다. 무엇보다 '내가 할 수 있는 일은 뭐가 있을까?'라는 사고로 전환시켜 '자기 일'로 만들게 되면 중단되었던 사고가 재개되어 문제 해결을 향한 한 걸음을 뗄 수 있다.

목적 ④ 잘나가는 사람의 비결을 듣고 싶다

Q. "대단해요! 어떻게 했어요?"

내가 거래처에서 꼭 시도하고 있는 것이 있는데, 바로 '잘나가는 사람'에게 그 비결을 묻는 인터뷰를 하는 것이다. 의도적, 또는 계획적으로 추진하고 있는 일에 대해 주로 묻게 되는데, 가끔은 본인이 자신의 성공 비결을 자각하지 못한 채 운이 좋아서 성공한 경우도 종종 있다.

그런 이야기들을 통해서 우연적인 요소를 재현할 수 있게 되기도 하고, 한 사람의 성공 노하우를 다른 사람들과도 공유하고 싶은 마음 때문이다. 성공 노하우를 '가시화'하는 것이 질문인 것이다.

"대단해요! 어떻게 했어요?"라는 질문을 받은 사람은 머릿속에서 자신이 지금까지 해온 일을 되돌아보면서 언어로 전환시키려 한다. 그 과정에서 자신의 행동을 객관화시키기 때문에 무의식적으로 한 행동과 그 이유가 정리되면서 성공의 이유가 드러나게 된다. 성공의 이유를 알게 되면 그것을 직장에서 공유할 수 있다.

게다가 인간은 누군가에게 칭찬을 받게 되면 순수하게 마냥 기뻐

한다. 그것만으로도 심리적인 거리가 좁혀지고 질문이 더욱 효과를 발휘하게 된다. 상사는 부하 직원에 대한 '칭찬 포인트'를 항상 찾아낸다는 마인드를 갖는 것이 필수다. 그것을 찾게 되면 바로 "대단해! 어떻게 했어?"라고 질문을 해보자.

목적 ⑤ 이념·비전을 접목시키고 싶다

Q. "중요한 것은 무엇이라고 생각하는가?"

겉으로 보이는 행동인 '무엇을 할까?' 이전에 '무엇을 중요하게 생각하는가?', '도대체 무엇을 위해 그런 행동을 하고 있는가?'라는 가치관과 목적이 실제 업무에 더 큰 영향을 미친다.

어떤 에스테틱 숍에서 월매출 천만 원이라는 단연 톱의 실적을 기록하고 있는 A씨는 가게 페이스북에 열심히 글을 올리고 많은 공감을 얻고 있다. 그 사실을 알고 있는 한 직원도 '나도 페이스북에 글을 많이 올리면 실적을 올릴 수 있겠지?'라고 생각해서 A씨의 흉내를 냈다. 그런데 아무런 변화가 생기지 않았다.

그래서 A씨에게 페이스북을 할 때 어떤 마음가짐으로 하는지, 중요한 것은 무엇인지에 대해서 물었더니 이런 답이 돌아왔다.

"오직 고객님을 기쁘게 해드리겠다는 생각뿐이에요."

A씨가 페이스북에 올리는 정보 중에 이런 것이 있다.

'날씨가 추우면 자기도 모르게 어깨가 움츠러들기 때문에 어깨가 결리게 됩니다. 그래서 하루에 한 번 이런 체조를 하면 많은 도움이 되실 것 같네요!'라는 식으로 고객의 눈높이에 맞는 정보들을 페이스북에 열심히 올리고 있었다.

한편 A씨를 따라한 직원은 '우리 가게를 찾아주세요!'라거나 '지금 오시면 기다리지 않고 마사지를 받을 수 있어요!' 식의 자신의 실적과 직결되는 내용의 글을 올리고 있었다.

정보를 받게 되는 측에서 보면 후자는 선전에 지나지 않는다. A씨의 글에는 읽어서 즐겁고 도움이 되는 정보가 올라와 있다. 인간은 무언가를 받으면 그에 대한 '보답'을 하고 싶은 마음이 들게 마련이다. 그래서 A씨에게 고객들이 많이 몰리게 되는 것이다.

심리학에서 이것을 '반보성(返報性)의 법칙'이라고 한다. 뭔가 혜택과 도움을 받고 신뢰하게 되면 상대방은 어떤 형태로든 보답하려고 한다.

이 예를 통해서 알 수 있듯이 '무엇을 하고 있는가?'라는 표면에 드러나는 것이 아닌 그 질문에 담긴 본질을 파악하는 능력을 중시해야 할 것이다.

목적 ⑥ 사고의 제약에서 벗어나고 싶다

Q. "만약 모든 것이 가능하다면 무엇을 하고 싶은가?"

"뭘 해도 잘 안 돼요."

만약 부하 직원이 이런 고민을 하고 있다면 이 질문을 던져보기 바란다.

3장의 '스스로에게 질문하기' 중 '관습에 얽매인 사고 습관을 바로 잡아라'에서도 언급했지만, 무슨 일을 하더라도 예산과 시간, 인력, 과거 방식, 그리고 상식 등 여러 가지 제약조건이 따른다. 생각이 잘 안 풀릴 때는 일단 제약조건을 모두 제거해보면 새로운 관점으로 사물을 바라볼 수 있게 되어 돌파구가 보이는 경우가 왕왕 있다.

이 질문처럼 '만약'이라는 조건을 붙이면 자기가 처한 상황에서 한 발짝 떨어져서 사물을 새롭게 인식할 수 있게 된다.

"만약 이 일을 굉장히 잘하고 있는 사람이 있다면 어떻게 하고 있다고 생각하나? 또 어떤 생각을 한다고 생각하나?"

"만약 고객이라면 어떻게 생각할까?"

어제 어떤 음식점에서 광고 전단지를 만들자는 이야기가 나왔을 때 이런 제안을 했다.

"지금부터 한 시간 내에 이 주변을 돌아다니면서 내용이나 디자인에 '이거다!' 싶은 것이 있거나 '이런 상품이나 서비스라면 한번 이용해보고 싶다'는 생각이 드는 전단지를 수집해 오세요."

그랬더니 직원들은 각자가 마음에 드는 다양한 전단지들을 잔뜩 수집해왔다. 그 전단지들을 모아놓고 '어느 부분이 그렇게 마음에 와 닿았나?'에 대해서 토론을 벌였다. '여기 이 색감이 좋아요', '이 문구가 마음에 와닿아요' 등 여러 의견과 감상들이 속속 나왔다. 그래서 나는 이런 질문을 던졌다.

"만약 고객의 입장이었다면 그 점을 높이 사는 것이겠군요. 그렇다면 우리는 어떻게 해야 할까요?"

일단 자신에게 주어진 틀을 벗어나면 생각지도 못했던 발상이 마구 떠오르는 경우가 있다. 관점을 자신에서 고객으로 옮긴다는 것은 머리로는 알고 있어도 좀처럼 실천으로 옮기기는 쉽지 않다. 이 사례와 같이 한번 고객의 눈높이에서 행동하게 되면 '고객의 눈높이'를 실천하는 것이 한층 쉬워진다.

이 질문처럼 '만약'을 가정해서 자신의 사고의 틀을 벗어나보자.

목적 ⑦ 의욕을 고취시키고 일이 순조롭게 풀리면 좋겠다

Q. "끝났을 때 어떤 상황이 되어 있기를 바라는가?"

이 질문을 새로운 일을 시작하기 전에 하면 매우 효과적이다.

이미 '습관화하면 좋은 자기질문 ④'에서 소개했지만, 이것은 자신뿐 아니라 팀에서 사용했을 때 강력한 힘을 발휘하는 질문이 될 수 있다.

회의 전이나 프로젝트를 시작하기 전에, 또는 업무 시작 전 조례 시간 등에도 많이 활용해보기 바란다.

"끝났을 때 어떤 상황이 되어 있기를 바라는가?"라는 질문을 던져서 부하 직원에게 답을 들어보자.

이 질문을 통해서 상사와 부하 직원이 지향하고 있는 목표를 일치시킬 수 있다. 그 목표를 위해 함께 나아가자고 격려하면서 마음을 하나로 모을 수 있게 된다.

이 질문에 '전혀 좋은 이미지가 떠오르지 않는다'는 부하 직원이 있을 수도 있다. "아니, 어쨌든 빨리 이 일을 끝내고 싶어요"라는 답이 돌아왔다고 하자. 이 말에 상사는 "그럼 빨리 끝내놓고 어떻게 하고 싶나?"라고 질문을 계속 던진다. "온천에 가고 싶어요"라는 답이 돌아왔다면 "그럼 온천에 가서 뜨거운 물에 몸을 담구었을 때 어떤 기분이 되면 최고로 좋을까?"라고 또 질문을 한다. 이런 식으로 '일을 잘 해낸 후에 성취감을 느끼면서 온천물에 몸을 담그게 될 때 기분이 최고로 좋다'고 생각하게 된다면 일에도 의욕이 생기게 된다.

또한 목표가 명확하면 무엇이 필요한지, 무엇이 중요한지에 대한 판단이 쉽게 내려지면서 일도 순조롭게 진행된다. 어디에 가고 싶은지가 명확하지 않으면 무엇을 하면 좋을지도 모르게 되는 것이다.

목적 ⑧ 행동을 촉구하고 싶다

Q. "먼저 무엇부터 시작할까?"

질문을 통해서 부하 직원이 깊이 생각하도록 만드는 것도 중요하지만 더욱 중요한 것은 생각을 행동으로 옮기는 일이다. 아무리 생각을 많이 해도 그것을 행동으로 옮기지 않으면 아무 소용이 없다. 작은 일이라도 상관없다. 우선 첫 걸음을 내딛는 것이 중요하다. 그 한 걸음을 내디딜 수 있도록 도와주는 것이 이 질문이다. 가능하면 '언제까지 이것을 한다'는 식으로 기한과 구체적인 행동을 세트로 정하는 것이 이상적이다. 처음부터 어려운 일에 도전하려 하지 말고 '쉽게 할 수 있는 일'부터 시작하는 것이 비결이다.

'부하 직원에게 질문하기', 이럴 때는 어떻게 할까?

지금까지 목적별로 부하 직원의 능력을 이끌어내는 질문에 대해서 살펴보았다. 지금부터는 '부하 직원에게 질문하기'의 고민 상담 코너다. 필자가 거래처로부터 종종 듣는 '부하에 대한 질문'에 관한 고민의 Q&A를 소개해보겠다.

질문은 간단해 보이지만 무척 깊이가 있다. 나도 뒤늦게 깨닫게 되는 것이 아직도 많이 있다. 이 책을 한 번 읽고 다 파악한 것처럼 생각하지 말고 실제로 부하 직원과의 사이에서 활용해보고 잘 안 되면 또 책을 들춰보면서 반복해서 깊이를 더해갈 것을 권한다.

고민 ①
부하 직원이 질문에 답하기를 어려워한다

부하 직원이 질문에 답하기를 어려워한다는 것은 어쩌면 지금까지 상사가 '지시와 명령'만 했다는 증거일 수 있겠다. 지금까지 상사에게 지시받은 일을 하는 것만으로도 힘에 부쳐서 자기 머리로 생각해보지 않았을지도 모른다.

이런 경우, 우선은 대답하기 쉬운 질문부터 해서 일단 질문에 익숙해지는 것이 좋다. 질문에는 질문 속에 선택지를 준비한 '선택 질문(select question)'의 형태가 있다.

예를 들면, '오늘의 점심 메뉴 말인데, 양식, 일식, 중식, 분식 중에서 어느 것이 좋아?'식의 질문이다. 상대방에게 선택지를 줌으로써 상대는 범위를 크게 벗어나지 않고 대답하기가 쉬워진다. 상대방에게 지식이 없는 경우에 매우 효과적이다.

또 '네'와 '아니오' 중에 대답하는 단순한 '스피드 질문(speed question)' 쪽이 대답하기가 훨씬 쉬우므로 대화의 계기를 만들기에 적합하다. '좋아요'라는 답이 돌아오면 '어느 팀을 좋아해요?', '왜 좋아해요?' 식으로 대답하기가 어렵지 않은 일반적인 질문으로 전환시켜나가면 좋다.

또 부하 직원의 이야기를 들어주면서 '음, 그렇구나', '흠……', '그렇군', '재미있는데?' 등으로 맞장구를 쳐주는 것도 효과적이다. 또한 이야기를 경청한 후에 "요컨대 자네가 하고자 하는 말이 이런 말 같은데 맞는가?"라고 정리해주면, 상대방은 '내 이야기를 경청하고 있었네!'라는 만족감을 갖게 되어 심리적인 거리감이 조금씩 좁혀지면서 질문에 답하는 것의 가치와 즐거움을 깨닫게 된다.

고민 ②
"또 질문이에요?"라는 말을 부하 직원한테서 듣는다

질문을 배운 지 얼마 되지 않았을 때 나는 주변 사람들로부터 "또 질문이에요?"라는 말을 자주 들었다. 지금 돌이켜보면 아마도 그 시절의 나는 어깨에 힘이 잔뜩 들어가서(스포츠나 비즈니스에서 숙련이 부족한 사람일수록 어깨에 힘이 들어간다) '자, 이제부터 질문을 퍼부을 테니 각오하시오!' 식의 기운이 주변 사람들에게까지 느껴졌을 것이다.

부하 직원에게 "또 질문이에요?"라는 말을 들으면 솔직하게 마음 터놓고 "사실은 지금 질문에 대해서 공부하고 있어. 질문에는 직장의 분위기를 좋게 하는 효과가 있는 것 같아. 괜찮다면 같이 한번 안 배워볼 텐가?"라는 말을 해보면 어떨까? 상사가 직장의 분위기를 좋게 만들려고 노력하고 있다는 사실을 안다면 싫어하는 직원은 없을 것으로 생각된다.

또 자연스럽게 질문이 나오게 되는 '질문 체질'로 바뀌려면 자기 자신이 많은 질문에 답을 해보는 것이 중요하다. 자신이 질문의 매력을 이해하지 못하는데 남들에게 전달될 리 만무하다. 가급적 양질(良質)의 질문에 답을 많이 해보자.

고민 ③
항상 똑같은 답을 하게 된다

많은 질문에 답을 하다보면 '이런 질문을 받으면 이런 식으로 답한다' 식의 패턴이 정해지기도 한다. 그런 사람에게는 '정말로 그렇게 생각하는가?'라는 질문이 효과적이다('습관화하면 좋은 자기질문 ⑥' 참고).

내가 운영하고 있는 질문 강좌에서도 쓱쓱 답을 적고나서 만족스러운 표정을 짓는 사람에게 "정말로 그것이 정답이라고 생각하시나요?", "좀 더 좋은 답이나 깊이 있는 답이 없나 하고 한번 생각해보지 않겠어요?" 식으로 다시 생각하도록 하는 것을 5~6회 정도 반복하면 본인도 놀랄 정도로 좋은 답이 나오게 된다.

또 다른 방법으로는 "○○씨라면 어떻게 할까요?"라며 타인의 관점을 도입하는 것도 효과적이다. 이것은 '초점 변화(Focus change)'라는 방법으로, 응답의 폭을 넓히고 싶을 때 사용한다.

고민 ④
부하 직원의 답이 마음에 들지 않는다

상사도 인간인지라 호불호(好不好)가 있는 것은 어쩔 수 없다. 하지만 여러분의 의견이 항상 정답이라고 할 수도 없다. 어쩌면 여러분이 싫어하는 부하 직원의 의견이 더 좋은 결과를 가져다 줄 수도 있다. 그래서 더욱 이런 때는 상사 측에는 다양성을 인정하는 관용과 더불어 어떤 종류의 단호함을 필요로 한다('부하 직원에게 질문하기 ⑥', '호불호와 일을 분리하라' 참고).

싫어하는 감정의 대부분은 자신과 가치관이 다르다는 것에 기인한다. 다른 관점에서 보면 이 부하 직원은 자신에게 없는 것을 갖고 있을 가능성이 높다. 따라서 마음이 잘 맞지 않기 때문에 더욱 좋은 팀이 될 수 있는 측면도 있다.

단지 자신과 다르다는 이유만으로 부하 직원의 의견을 무시하지 말고, 부하 직원의 의견도 자신의 의견과 똑같이 객관적인 관점으로 받아들이는 것이 진정 좋은 상사의 조건이라 할 수 있다.

5장

회의에서 질문하기

> 회의를 하려고 하면, "어휴, 또 회의야?"라며 불만을 토로하는 사람들이 여러분 회사에도 분명히 있을 것이다. 회의는 어차피 잘나가는 사람의 독무대이거나, 그저 연락사항이나 보고의 장이 되기 일쑤이고, 화제가 옆길로 샐라치면 아무런 성과 없이 질책만 당하고 끝나버리기도 한다.
> 하지만 회의에 질문을 도입하면 이런 불만들이 깨끗이 해결된다. 직원들 간의 의견 교환이 활발해져서 단시간 내에 결론에 도달할 수 있게 되기 때문이다. 가히 '회의 혁명'이라 할 수 있다.

회사원들이 '회의'를 싫어하는 이유

회사원 중에서 회의를 좋아하는 사람은 거의 없을 것이다. 회사원들이 회의를 싫어하는 가장 큰 이유는 회의의 '유명무실함' 때문이라고 필자는 생각한다.

오늘날의 회의는 진정한 '회의'가 아니라 '보고'의 장이 되고 말았다. '그 건은 지금 이런 상황입니다'라고 부하 직원이 보고를 하면 상사가 "흠, 알았어, 그럼 이렇게 하자"라고 답한다. 그런 '보고회'라면 일부러 얼굴을 맞대고 회의를 하지 않아도 가능하며 소중한 시간을 허비할 필요도 없다. 혹은 목소리 큰 사람의 독무대가 되어 그 사람의 주장을 강요당하거나, 특정 개인이나 부서가 책임을 추궁당하는 시간으로 채워지는 경우도 있다.

한편 회의 참석 인원이 많으면 부작용이 있을 수 있다. '나는 가능한 한 침묵하고 싶다', '누군가가 무슨 말이든 하겠지'라며 소극적인 자세로 임해도 그다지 비난받지 않는다. 어차피 의견을 말해봐야 안 들어줄 것이 분명하기 때문에 자세를 낮추면서 오로지 시간이 지나가기만을 바란다. 이렇게 되면 회의 시간이 괴로울 수밖에 없다.

원래 회의라는 것은 어떤 사안을 결정하기 위해 참석자들끼리 가치관이나 아이디어를 서로 교환하기 위한 장(場)이다. 그런 커뮤니케이션을 통해서 생기는 화학반응이야말로 혼자만의 생각으로는 결코 얻어낼 수 없는 성과물이며 회의를 통해서만 이뤄낼 수 있는 묘미다.

참가자 전원이 자신의 의견이나 제안을 아무 거리낌 없이 표명할 수 있는 것이 회의의 이상적인 모습이 아닐까. 그렇다면 어떻게 해야 즐기면서 결실까지 챙길 수 있는 알찬 회의가 될 수 있을까?

회의에 있어서의 문제는 회의에 임하는 직원들, 특히 리더 격인 사람들의 마인드에 있다고 필자는 생각한다. '질문 마인드'에서 다룬 내용이지만 누군가가 의견을 내면 우선은 "좋은 의견인데!"라고 말하면서 받아들이는 자세가 무척 중요하다. 그런 제안이 설령 현실적이지 않다거나 실행 가능성이 없다거나 요점을 벗어났다는 생각이 들어도 일단은 받아들인다.

여기서 '받아들이기'와 '수용하기'는 다르다. '수용하기'는 의견이나 제안에 동의를 하는 것이지만 '받아들이기'는 찬성이나 반대의 판단을 하지 않고 그런 의견이나 제안이 있다는 것 자체를 인정하는 것이다.

인간은 곧잘 판단을 하고 싶어 한다. 하지만 그 판단이 다 옳다고는 할 수 없다. 실제로 행동으로 옮겨보면 여러분이 부정했던 부하직원의 의견이나 제안이 더 좋은 결과를 가져올 수도 있다.

판단하고 싶은 마음을 한편으로 억누르고 '받아들이는' 태도를 취할 수 있을지, 특히 팀의 리더가 다양한 의견들을 하나도 부정하지 않고 받아들일 수 있을지의 여부가 회의의 성공 여부를 가르게 된다.

질문 아이디어 회의의 네 가지 장점

필자는 회의에 질문을 도입할 것을 거래처 기업에 적극 권장하고 있고, 실제로 많은 기업들이 '질문 아이디어 회의'를 도입하고 있다.

질문을 토대로 회의를 진행하다보니 다음의 네 가지 장점을 발견할 수 있었다.

① 자기 의견이 확실하게 정리된다.
② 누구나 평등하게 발언할 수 있다.
③ 아무리 하찮은 의견도 받아들여지기 때문에 의견을 내기 쉽다.
④ 논점이 흐려지지 않고 반드시 성과가 도출된다.

그 결과 지금까지 기술해온 '회의의 문제점'이 깨끗이 해결될 뿐 아니라, 회의실에서 큰 웃음이 터지면서 회의 시간이 즐거워진다는 것이다.

질문 아이디어 회의에서는 참석자 전원이 같은 질문에 대한 답을 생각해서 그것을 종이에 적어 발표하는 형태로 진행된다.

필자가 평소에 기업에서 진행하고 있는 '질문 아이디어 회의'를 잠깐 소개해보기로 하겠다.

질문 아이디어 회의의 네 가지 규칙

우선 질문 아이디어 회의에는 다음과 같이 매우 중요한 규칙이 네 가지 있다.

① 모든 답은 정답이다.
② 모든 답에 '좋아요!'로 답한다.
③ 답이 나오지 않아도 OK!
④ 즐겨라.

이 네 가지 규칙은 모두 앞에서 소개한 '질문 마인드'와 공통된 것들이다. 먼저 규칙 ①의 '모든 답은 정답이다'부터 살펴보자. 참가자 전원이 질문의 답을 쓸 때는 '정답인가? 오답인가?', '좋을까? 나쁠까?', '가능할까? 불가능할까?'에 구애받지 않고 자유로운 발상을 하도록 유도한다.

규칙 ②는 질문을 통해 나온 모든 답에 '좋아요!'로 답한다는 것이다.

이렇게 함으로써 자신과 다른 의견을 받아들이게 되어 회의가 보다 많은 의견을 포용하고 받아들일 수 있는 장이 된다. 신입사원의 참신한 아이디어가 업계의 상식을 깨는 멋진 아이디어가 될 수도 있다. 상대방의 의견에 대해 바로 반론을 제기하거나 비판하고 싶은 마음을 자제하면서 우선은 '좋은 생각이군요!'라며 받아들이자.

규칙 ③은 질문에 대한 답이 얼른 떠오르지 않아 바로 적지 못해도 상관없다는 것이다. 질문 아이디어 회의에서는 참석자 전원이 질문에 답하고 그 내용을 발표하게 되는데, 때로는 답이 떠오르지 않을 때도 있다. 그래도 상관없다. 지금 답이 떠오르지 않더라도 한번 스스로에게 질문을 던져놓으면 뇌가 무의식중에 답을 계속 탐색하게 되어 생각지도 못한 순간에 답이 번뜩 떠오를 수 있다. 따라서 '지금 답이 없는 것이 나의 답이다'라고 생각하자.

규칙 ④는 '즐겨라'이다. 회의는 누군가를 설복시키기 위한 것이 아니라 하나의 주제를 향해서 참석자 전원이 평등하게 의견을 개진함으로써 발상의 폭을 넓혀나가기 위해 존재하는 것이다. 따라서 서로의 단점을 지적할 것이 아니라 서로의 장점을 칭찬한다는 생각으로 회의를 즐기도록 하자.

회의의 승부는 사전 준비로 결정된다

날짜와 시간만 정해놓고 사전준비 없이 바로 회의에 돌입하는 경우가 종종 있다. 그렇게 하면 회의 중에 깊이 있는 논의가 사실상 불가능하다. 왜냐하면 회의의 충실도는 충분한 사전 준비로 효율성을 한껏 높일 수 있기 때문이다.

질문 아이디어 회의에서 준비할 것은 다음의 네 가지 항목이다. 자신이 회의의 주재자라는 생각으로 읽어주기 바란다.

회의의 사전 준비 5단계

❶ 주제를 정하라.

❷ 회의 시간이 즐겁게 느껴지도록 만들어라.

❸ 회의실 환경에 신경써라.

❹ 질문 아이디어 회의용 시트를 준비하라.

❺ 질문을 준비하라.

준비 ①

주제를 정하라

먼저 토론할 주제를 설정한다.

그때 '어떻게 하면 ~할까?'라는 질문 형식을 취하면 좋다. 3장의 '스스로에게 질문하기 ②'에서 소개한 '왜?×7'도 활용해서 문제의 본질을 찾기 바란다.

예를 들면,

- 어떻게 하면 재방문율을 높일 수 있을까?

- 어떻게 하면 새로운 히트 상품이 나올까?

- 어떻게 하면 사내(社內) 커뮤니케이션이 활성화될까?

라는 식이다.

준비 ②

회의 시간이 즐겁게 느껴지도록 만들어라

회의 참석자들에게 회의에 참가했을 때 생기는 장점에 대해 미리 귀띔해주자. 메일 등을 통해 회의에 대한 공지를 할 때 가령, 회의의 목적을 다음과 같이 전달한다.

"이번 회의에서는 ○○를 주제로 토론하게 됩니다. ○○에 대해서는 △△와 같은 불만이나 불안감이 따를 수 있습니다. 그러한 불만이나 불안감을 해소하기 위한 대책을 함께 강구해보면 어떨까 합니다. 함께 머리를 맞대고 고민하다보면 혹시 압니까, □□와 같은 장점이 있을지……."

이런 식으로 개인에게 초점을 맞춰서 회의의 장점을 전달하게 되면 '이 회의는 왠지 재미있을 것 같아'라는 식으로 받아들여질 수 있다.

`준비 ③`

회의실 환경에 신경써라

회의를 하는 회의실 환경에도 신경을 쓰는 것이 좋다. 인간이 자유로운 발상을 할 때, 특히 아이디어 회의 등으로 깊은 논의가 이루어지기 위해서는 회의실의 환경이 매우 중요하다. 어두침침하거나 폐쇄적인 공간은 가급적 피하는 것이 좋다.

조용하면서 통풍이 잘 되고 채광이 좋은 장소가 이상적이다. 커피나 과자를 준비해서 유쾌한 자리를 만드는 것도 회의 내용에 충실을 기하도록 만드는 데 무척 중요한 요소다. 필자의 경우도 쾌적하고 편안함을 느끼는 카페에서 자주 회의를 열곤 한다.

`준비 ④`

질문 아이디어 회의용 시트를 준비하라

여덟 칸으로 나뉜 질문 시트를 준비한다.

질문 아이디어 회의용 시트는 '질문'과 '답'을 써넣을 수 있도록 A~H까지 여덟 개 칸으로 구성되어 있다. A에서 H의 알파벳 옆에는 질문을 쓰고 그 아래 공간에 자신의 답을 적어나간다. 시트의 용지는 여유 있게 써넣을 수 있도록 A3 사이즈를 권한다. 칸 밖에는 앞에서 소개한 '질문 아이디어 회의의 네 가지 규칙'을 써넣으면 효과적이다. 회의 당일에 질문 아이디어 회의용 시트를 출력해서 참석자 전원에게 한 장씩 나눠준다.

A:

B:

C:

D:

E:

F:

G:

H:

오늘의 주제

Q. 이 회의의 가장 이상적인 결론은?

Q. 언제까지, 무엇을 할 겁니까?

Q. 이 회의에서 얻는 것은 무엇이며, 무엇을 느꼈습니까?

규칙 1 모든 답은 정답이다. **규칙 2** 모든 답에 '좋아요!'로 답한다.
규칙 3 답이 나오지 않아도 OK! **규칙 4** 즐겨라.

준비 ⑤

질문을 준비하라

회의 참석자에게 하게 될 A~H까지의 여덟 개 질문을 준비한다. 준비 ①에서 설정한 '어떻게 하면 ~할까?'로 시작하는 문제 해결을 주제로 하는 경우에는 '자기질문'의 '나 홀로 회의 테마 ② 문제 해결하기'에서 소개한 여덟 가지 질문을 그대로 사용할 수 있으므로 활용하면 좋다.

또한 '나 홀로 회의'의 다른 주제로 모두가 함께 답하는 것도 효과적이다. 이 장 마지막 부분에 함께 답하면 좋을만한 두 개의 주제를 소개하고 있으니 그것도 참고하면 좋을 것이다.

질문 아이디어 회의 방식

사전 준비를 철저히 해서 회의 당일을 맞이한다. 질문 아이디어 회의에는, 이후에 설명하겠지만, 정해진 진행 순서가 있다. 이 순서에 준해서 진행하기 바란다.

질문 아이디어 회의 순서

순서 ①

회의 시간은 1시간에서 2시간이다. 회의를 진행할 사람을 한 사람정하고, 참석자는 네 명에서 여섯 명이 서로 마주보고 앉도록 준비한다. 각자의 테이블에는 펜과 질문 시트를 준비한다.

순서 ②

회의의 진행을 맡은 사람이 회의의 서두에서 '오늘 이 회의가 끝났을 때 어떤 결과가 나오는 것이 가장 만족스러울까요?'라는 질문을 참석자에게 던지고 참석자는 그 질문과 답을 시트에 써나간다. 답을 종이에 적어나가는 동안에 생각이 정리되고 문제가 가시화된다. 이 질문에서는 회의 참석자의 참여의식을 고취시킬 수 있다.(3장의 '습관화하면 좋은 자기질문 ④', '어떤 결과가 나왔을 때 가장 만족스러울까?' 참고)

순서 ③

참석자 전원이 답을 다 썼으면, 4~6명으로 그룹을 나누어 그룹 안에서 각자의 답을 발표하도록 한다. 그때의 규칙은 다른 사람이 의견을 발표할 때 '좋아요!'라며 박수를 친다는 것이다.

'발표' → '좋아요! + 박수' → '다음 사람' 식의 순서로 참석자 전원이 발표를 한다.

다른 참석자들의 의견을 듣게 됨으로써 아이디어가 더욱 깊어지고 관점의 전환이 일어나기도 한다. 다른 사람의 답에 대해 옳고 그름을 판단하지 말고 자신에게 없는 발상이라는 생각이 들면 메모를 해두자. 거기에서 성장의 기회가 생기는 것이다. 남의 의견에 '좋아요!'라며 맞장구를 치게 되면 가치관의 차이와 상관없이 그 자리가 좋은 분위기로 바뀔 수 있다. 발표하는 순서는 상관이 없지만 한 사람이 너무 오래 말하지 않도록 주의하는 것이 좋다.

순서 ④

아이디어를 추가적으로 덧붙이고 싶을 때나 상대방의 발언에 대해 좀 더 자세히 알고 싶을 때는 그 자리에서 발언하도록 한다. 단, 그때는 상대방의 의견을 부정하거나 자신의 의견을 강요하지 않도록 주의한다.

순서 ⑤

A에서 H까지 '회의의 진행자가 질문을 읽는다', '참석자는 답을 쓴다', '순서대로 발표한다'를 반복한다.

순서 ⑥

A에서 H까지의 답을 토대로 참석자 각자가 '언제까지 무엇을 하겠습니까?'라는 질문에 답을 한 후 각 그룹 내에서 순서대로 발표를 한다.

순서 ⑦

마지막으로 회의의 감상을 서로 나눈다. 또한 '오늘, 이 회의에서 느낀 점과 얻은 것을 무엇입니까?'라는 질문에 답을 한다.

> 순서 ⑧

질문식 회의가 더욱 유익한 것이 되기 위해서는 사후 실행(after follow-up)도 중요하다. 순서 ⑥에서 정한 '언제까지 누가 무엇을 할 것인가?'라는 것을 제대로 실행하고 있는지를 회의를 진행했던 주재자가 지속적으로 확인할 필요가 있다. 결정만 하고 말만 하는 것으로는 회의를 하는 의미가 없다. 만약 실행을 하지 못했으면 어디에 원인이 있는지 그 장애를 제거하기 위해서는 어떻게 하면 좋은지 등 재삼 생각해서 회의에서 결정된 내용의 실효성을 높여나가도록 하자.

이제부터는 '주제별 질문'들을 소개하기로 한다. 여기에 있는 A에서 H까지의 질문에 답하는 것만으로도 지금 당면한 과제나 문제가 정리되면서 무엇을 해야 할지가 보이게 될 것이다.

> 질문 아이디어 회의 — 테마 ①

확고한 비전을 세운다

이럴 때 물어보자
- 내가 무엇을 위해서 사업을 하고 있는지를 원점(原點)으로 돌아가서 생각해보고 싶다.
- 일에 대한 목적의식을 명확히 하고 직원들의 의욕을 북돋우고 싶다.

우리는 무엇을 위해 일하고 있는가? 또한 조직의 일원으로서 목표로 삼는 지점은 어디인가? 기업에 있어서 가장 중요하다고 할 수 있는 이러한 비전과 경영이념이 사실은 임시변통이 되고 있는 경우가 많다.

회사의 비전이나 경영이념은 액자에 넣어서 바라보는 장식품이 아니다. 모든 직원들이 마음에 새기고 실제로 그 목표 지점을 향해 매일 매일의 활동을 통해 나아가야 하는 것이다.

실제로 조직에 비전을 전파하면 종업원의 동기부여가 비약적으로 상승하고 조직에 좋은 변화가 일어난다. 나아가서 고객과 비전을 공유할 수 있다면 고객도 열성적인 응원자가 되어 줄 것이다.

이러한 구조가 잘 반영되어 있는 것이 일본의 옛날이야기 〈모모타로(복숭아에서 태어나 '모모타로'라고 불리는 소년이 개와 원숭이, 꿩과 함께 오니가시마 섬에 사는 악한 도깨비들을 물리치고 보물을 얻어 돌아온다는 일본의 유명한 동화_역주)〉다.

'도깨비와의 전쟁이 없는 평화로운 일상'이라는 비전을 내걸게 됨으로써, 고객(마을 사람)도 협력해주고 직원(꿩, 원숭이, 개)도 월급(수수경단)을 받는 것에 그치지 않고 비전을 달성하기 위해 필요한 역할을 담당해준다.

비전이 있으면 길을 잃지 않는다. 목표로 삼는 산의 정상이 분명히 보인다면 무엇을 해야 할지와 무엇을 소중히 여겨야 할지가 저절로 정해지게 된다.

질문 실천편

비전을 명확하게 해주는 질문

질문 아이디어 회의의 순서에 따라서 다음의 A부터 H까지의 질문에 다함께 답을 써보기 바란다.

A. 당신의 회사가 판매하는 상품은 무엇입니까?

_____
_____
_____

해설 | 여러분의 회사가 취급하고 있는 상품을 써본다.

B. 당신은 그 상품을 통해서 무엇을 팔고 있습니까?

_____
_____
_____

해설 | 미용실이 진정한 의미에서 팔고 있는 것은 '멋진 당신'이다. 또한 '연인들이 느긋하게 지낼 수 있는 시간'을 팔고 있는 카페가 있는가 하면, '모두가 신나게 떠들 수 있는 시간'을 팔고 있는 카페도 있다. 여러분이 제공하고 있는 상품이나 서비스를 통

해서 여러분의 회사가 진정으로 팔고 있는 것이 무엇인지 생각해보자.

C. 당신의 회사의 상품을 사면 어떤 좋은 점이 있다고 생각합니까?

_____

_____

_____

해설 | 이 세상의 모든 상품은 누군가의 '문제'를 해결하기 위해 존재한다. B의 질문을 통해 '당신이 진정으로 판매하는 것'이 명확해졌다면 이번에는 그것이 고객에게 어떤 좋은 것을 제공할지에 대해서 생각해보자.

D. 당신의 회사에 고객이 많아지면 어떤 세상이 될 것이라고 생각합니까?

_____

_____

_____

해설 | 가령 많은 사람들이 꽃을 키우면 거리가 온통 꽃으로 가득차서 많은 사람들의 마음이 풍요로워질 것이다. 이와 마찬가지로 여러분이 판매하는 상품을 사서 어려운 문제를 해결하는 사람이 많아지면 어떤 세상이 될지를 생각해보자.

E. 이 세상에는 어떤 문제가 있다고 생각합니까?

_____
_____
_____
_____

해설 | 건강, 가족, 일, 인간관계, 경제, 국제관계 등 우리 주변에는 크고 작은 문제들이 많이 있다. 그 외에 또 어떤 문제가 있는지 써본다.

F. 이 세상이 좀 더 행복해지려면 어떻게 되어야 한다고 생각합니까?

_____
_____
_____
_____

해설 | E의 답에 대한 질문이다. 실현 가능 여부를 생각하지 말고 여러분의 생각을 써본다.

G. 여러분은 어떤 세상을 만들고 싶습니까?

_____
_____

해설 | 지금까지 쓴 답을 다시 한 번 검토해보자. 세상에 존재하는 모든 일들이 이 세상을 더 나은 곳으로 만들기 위해 존재한다면, 여러분의 회사는 무엇을 위해 존재하고 있는지에 대해서 생각해보기 바란다. 이 항목에 대한 답이 여러분 회사의 비전이라고 할 수 있다.

H. 비전을 구체화시키기 위해서 당신의 회사에서 할 수 있는 것은 무엇입니까?

해설 | 비전을 세웠다 해도 그저 내걸고 바라보기만 한다면 아무것도 창출되는 것이 없다. 이상적인 모습에 조금이라도 근접하기 위해서 자신, 혹은 회사가 할 수 있는 구체적인 행동을 생각해서 실행에 옮겨본다. 작은 것이라도 상관없다. 우선 첫걸음을 떼는 것이 중요하다.

여덟 가지 질문에 대한 답변이 끝났다면

이 여덟 가지 질문에 답을 함으로써 자신들이 정말로 제공하고 있는 것, 세상 속에 공헌하고 있는 일, 목표로 하는 모습 등이 가시화된다. 여덟 개의 질문은 처음 단계에서는 회사 입장에서 비전을 정하기 위해, 어느 정도 확산이 된 단계에서는 직원끼리의 비전을 조정하기 위해서 활용해보자.

해답 사례 ▶ A씨(지압원 경영, 45세)

A. 당신의 회사가 판매하는 상품은 무엇입니까?

마사지와 지압.

B. 당신은 그 상품을 통해서 무엇을 팔고 있습니까?

피로를 풀어주고 최상의 상태에서 일을 할 수 있게 만들어준다.

C. 당신의 회사의 상품을 사면 어떤 점이 좋습니까?

자연스럽게 업무 실적이 오른다.

D. 당신의 회사에 고객이 많아지면 어떤 세상이 될 것이라고 생각합니까?

피곤한 사람이 줄어들고 업무 효율이 좋아진다. 즐거운 마음으로 일할 수 있게 된다.

E. 이 세상에는 어떤 문제가 있다고 생각합니까?

야근을 시키는 회사가 많다. 경제의 앞날이 불투명하다. 연금 등 내 미래도 불안하다. 결혼을 점점 기피한다. 인간관계가 점점 소원해지고 있다.

F. 이 세상이 좀 더 행복해지려면 어떻게 되어야 한다고 생각합니까?

짧은 시간 안에 일의 성과가 나오는 방식. 일하는 게 너무 즐거워서 어쩔 줄 모르는 모습. 경기가 좋아져서 장래에 대한 불안감이 없어지는 것. 결혼의 기쁨과 즐거움이 제대로 전달되는 것. 결혼해서 행복한 사람들이 늘어나는 것. 지역 사회에서 좋은 인간관계를 많이 만들어가는 것.

G. 여러분은 어떤 세상을 만들고 싶습니까?

월요일이 기다려지는 회사를 만들고 싶다. 피곤한 사람이 한 명도 없는 세상에서 언제나 활기차게 일할 수 있으면 좋겠다.

H. 비전을 구체화시키기 위해서 당신의 회사에서 할 수 있는 일은 무엇입니까?

퇴근길에 가볍게 들를 수 있는 가게 만들기. 특별한 메뉴 만들기. 출장 서비스하기.

해답 사례 ▶ B씨(건설회사 관리직, 43세)

A. 당신의 회사가 판매하는 상품은 무엇입니까?

신축 가옥.

B. 당신은 그 상품을 통해서 무엇을 팔고 있습니까?

가족이 안심하고 생활할 수 있는 공간. 노후 걱정 없는 자산.

C. 당신의 회사의 상품을 사면 어떤 점이 좋습니까?

매월 받는 월세가 자산이 된다. 가족과 함께 즐거운 시간을 보낼 수 있다. 취미도 마음대로 즐길 수 있다. 노후 걱정 없이 지낼 수 있다. 매일 매일이 행복한 나날이다.

D. 당신의 회사에 고객이 많아지면 어떤 세상이 될 것이라고 생각합니까?

가족과 함께 하는 시간을 소중하게 생각하는 사람들이 늘어난다. 한 곳에 뿌리를 내리고 사는 사람들이 늘어난다. 살기 좋은 동네가 늘어난다.

E. 이 세상에는 어떤 문제가 있다고 생각합니까?

집값이 너무 비싸서 못사는 사람이 많다. 수입이 불안정해서 집을 사는 것이 두렵다. 땅값이 계속 오른다. 도심에만 인구가 집중되는 현상이 있다.

F. 이 세상이 좀 더 행복해지려면 어떻게 되어야 한다고 생각합니까?

지방에도 일자리를 많이 만들어서 인구가 분산되어야 한다. 일과 생활의 균형을 잡는 사람들이 늘어나야 한다. 집이 자산이 되어야 한다. 안심하고 집을 건축할 수 있어야 한다. 집의 가치가 지나치게 떨어지지 않아야 한다. 경기가 좋아져야 한다.

G. 여러분은 어떤 세상을 만들고 싶습니까?

자신만의 시간을 충분히 갖는 사람들이 많아지는 세상. 가기 집을 가진 후에 만족감을 느끼는 사람이 많은 세상. 동네 사람들과 서로 돕고 좋은 관계를 맺는 세상.

H. 비전을 구체화하기 위해서 당신의 회사에서 할 수 있는 일은 무엇입니까?

가족의 성장의 발판이 되는 집을 짓는 것.

> **질문 아이디어 회의 — 테마 ②**
> **잘 팔리는 상품 및 서비스 만들기**
>
> **이럴 때 물어보자**
> - 지금까지 잘 팔리던 상품이 더 이상 팔리지 않게 되어 어려움에 처했다.
> - 새로운 제품 개발 아이디어와 서비스 아이디어가 좀처럼 떠오르지 않는다.

지금 시대에 필요로 하는 상품이나 서비스를 만들어낼 수 있는 질문이다.

지금까지 순조롭게 팔리던 것이 더 이상 팔리지 않게 되었다. 거의 모든 업계에서 이와 같은 고민을 안고 있다. 하루가 다르게 변화하고 다양화되고 있는 소비자의 니즈와 의식을 끊임없이 재검토하지 않으면 시대에 뒤처지게 된다.

'확실하게 히트치는 물건'을 만들어내는 것이 사실 쉬운 일은 아니지만 잘 팔리는 것에는 분명히 공통점이 있다. 그것을 파악하고 적용해 나감으로써 시대를 조금 앞선 니즈를 미리 파악하고 팔릴 확률이 높은 물건을 만들어낼 수가 있다.

다음 질문에 답하면서 새로운 상품과 서비스 개발로 이어지는 힌트와 콘셉트를 명확하게 잡아가도록 하자.

| 질문 실천편 |

잘 팔리는 상품 및 서비스를 만드는 질문

A부터 H까지의 여덟 개 질문에 대한 답을 생각해서 종이에 적어 보자.

A. 이 세상에는 어떤 문제들이 있다고 생각합니까?

_____

_____

_____

_____

해설 | 이 세상에 존재하는 모든 일은 누군가의 '문제'를 해결하고 있다. 이 세상의 모든 사람은 두 종류의 생각을 갖고 있다. 하나는 '고민이나 하기 싫은 일을 해결해야 한다'는 생각과 다른 하나는 '소망을 이루고 싶다'는 생각이다. 하지만 자신의 힘만으로는 그 문제를 해결하거나 원하는 바를 이룰 수 없기 때문에 많은 사람들이 고민하는 것이다. 그 '고민'을 해결하는 것이 여러분이 해야 할 일이다.

다시 말해서 이 세상에 존재하는 수많은 '고민' 중에 사업의 기회가 숨어 있을 수 있다는 것이다. 자신과 주변을 둘러보면서 세상 속 '고민'을 가능한 한 많이 적어보도록 하자. '자신이 판매하는 측이 아니라 고객이라면 이 질문에 어떻게 답할 것인가?'를 상상하면서 써보는 것도 효과가 있다.

B. 사람들의 '고민' 중에서 당신이 해결에 도움을 줄 수 있는 것이 있다면 무엇입니까?

_____

_____

_____

_____

해설 | A에서 쓴 답 중에서 자신과 자기 회사가 어떤 도움을 줄 수 있을지를 생각해본다. 지금 준비되어 있는 업무에 관한 기술이나 지식, 경험뿐 아니라 지금은 아직 갖고 있지 않지만 장래에 습득하고 싶은 기술이나 지식을 활용해도 상관없다. '과연 할 수 있을까?', '그게 가능할까?'에 얽매이지 말고 자유롭게 발상해보자.

C. 그 '고민'의 이유는 무엇입니까?

_____

_____

_____

_____

해설 | 고민의 원인을 찾는 질문이다. 표면적인 것이 아니라 고민되는 문제의 깊숙한 곳에 감춰져 있는 본질적인 이유를 발견하도록 하자. 본질적인 원인을 찾음으로써 해결의 실마리가 보이게 된다.

D. 어떤 상황이 가장 이상적이라고 생각합니까?

해설 | 고객이 가진 '문제'가 해결되었을 때 기뻐하는 모습을 상상해본다. 그 문제가 해결되어 어떤 상태가 되면 '최고'라고 느끼는지, 왜 그것이 '최고의 상태'인지도 함께 생각해본다.

E. 어떤 상품과 서비스를 제공했을 때 고객이 만족한다고 생각합니까?

해설 | 지금까지 쓴 답을 훑어보면서 그 '문제'를 해결해서 가장 이상적인 상태로 만들기 위해서 자신이 무엇을 할 수 있을지 구체적인 상품이나 서비스에 반영시켜서 생각해본다.

F. 고객들은 기존의 상품과 서비스에 어떤 불만을 갖고 있다고 생각합니까?

_____
_____
_____

해설 | 고객의 문제를 해결하는 수단을 생각하기 전에 지금 고객이 실제로 사용하고 있는 상품이나 서비스에 대해서 어떤 불만이나 불안감을 느끼고 있는지를 상상해본다.

G. 어떻게 하면 고객이 만족한다고 생각합니까?

_____
_____
_____

해설 | F의 답을 토대로 어떻게 하면 그런 불만이나 불안감을 없앨 수 있을지를 생각해본다. 만약 자신이 고객이 입장이 되었을 때 갖고 싶거나 받고 싶은 상품이나 서비스를 상상하는 식의 발상도 좋다. 아무리 사소한 것이라도 상관없다.

H. 어떻게 하면 실천할 수 있다고 생각합니까?

_____

해설 | E와 G의 답을 구체화하는 방법을 생각한다. 혼자서 할 수 있는 일이 있는가 하면 누군가의 협조를 받지 않으면 안 되는 일도 분명히 있을 것이다. 아이디어에 그칠 것이 아니라 주변 사람들의 협력을 얻어서 실천을 향한 한 걸음을 내딛어본다.

여덟 가지 질문에 대한 답변이 끝났다면

이 여덟 가지 질문에 답을 하면서 이 세상에 존재하는 니즈에 대해 자신들이 무엇을 할 수 있을지에 초점을 맞추게 되면 잘 팔리는 상품을 개발할 수 있을 것이다. 지금까지의 관습이나 상식에 얽매이지 말고 자유로운 발상을 하기 바란다.

이제 시대는 과거 카메라 필름을 만들던 회사가 화장품을 만드는 세상으로 바뀌었다.

> **해답 사례** ▶ **A씨(지압원 경영, 45세)**

A. 이 세상 사람들은 어떤 문제로 고민하고 있다고 생각합니까?

일에 치여 늘 바쁘게 살다보니 사는 게 즐겁지 않다. 야근이 잦다. 전철이 혼잡하다. 점심시간에 식당마다 사람이 너무 많다. 피곤에 절어 있는 사람이 많다. 하나같이 고독하다. 자살하는 사람이 많다. 아이들을 데리고 갈 수 있는 곳이 많지 않다.

B. 사람들의 '고민' 중에서 당신이 해결에 도움을 줄 수 있는 것이 있다면 무엇입니까?

일상에 지친 사람이 많고, 점심시간에 여유롭게 휴식을 취할 수 없는 사람이 많다는 부분에서 뭔가 할 일이 있을 것 같다.

C. 그 '고민'의 이유는 무엇입니까?

격무에 지친 나머지 일이 제대로 진척되지 않는다. 의욕이 없다. 오후에는 업무 효율성이 현저히 떨어진다. 의욕이 없다.

D. 어떤 상황이 가장 이상적이라고 생각합니까?

매일 최상의 컨디션으로 일할 수 있는 것. 제대로 휴식을 취하는 것.

E. 어떤 상품과 서비스를 제공했을 때 고객이 만족한다고 생각합니까?

퇴근길에 편하게 마사지를 받을 수 있게 되는 것. 고객이 가게로 도시락을 싸와서 먹는 것도 좋을 것 같다.

F. 고객들은 기존의 상품과 서비스에 어떤 불만을 갖고 있다고 생각합니까?

시간이 걸린다. 예약이 힘들다. 시간을 예측할 수 없다. 회사에서 나오는 것이 귀찮다.

G. 어떻게 하면 고객이 만족한다고 생각합니까?

점심시간 때와 퇴근 시에 하는 출장 마사지. 점심시간에 서비스를 받을 수 있는 예약 서비스. 정해진 시간을 충실하게 지킨다.

H. 어떻게 하면 실천할 수 있다고 생각합니까?

가게를 찾는 고객들에게 어떤 서비스를 원하는지에 대한 의견을 물어본다. 또 회사로 찾아가는 출장 서비스가 가능한지도 물어본다.

해답 사례 ▶ B씨(건설회사 관리직, 43세)

A. 이 세상 사람들은 어떤 문제로 고민하고 있다고 생각합니까?

월급이 적다. 내 집이 없다. 주택융자를 갚을 길이 막막하다. 미래에 대한 불안감이 크다. 결혼하는 사람이 줄었다. 아이를 많이 낳지 않는다. 아파트에 사는 사람이 많아졌다.

B. 사람들의 '고민' 중에서 당신이 해결에 도움을 줄 수 있는 것이 있다면 무엇입니까?

좋은 집을 지어준다. 적은 월급으로 집을 지을 수 있는 플랜을 제안한다. 결혼을 권장한다.

C. 그 '고민'의 이유는 무엇입니까?

심정적으로는 내 집을 지어서 풍족한 생활을 하고 싶지만, 오래도록 대출을 갚아나가야 하는 것이 부담스럽고 불안해서 집을 짓는 것이 쉽지 않다. 이성을 만날 기회가 적어서 결혼하기가 쉽지 않다.

D. 어떤 상황이 가장 이상적이라고 생각합니까?

지금 내고 있는 집세와 큰 차이 없는 금액으로 집을 지을 수 있는 것. 좋은 사람을 만나서 결혼하는 것.

E. 어떤 상품과 서비스를 제공했을 때 고객이 만족한다고 생각합니까?

작지만 살기 편한 집을 상품화한다. 은행과 상의해서 특별한 플랜을 기획한다. 이벤트를 열어서 지역 주민들과의 만남의 장을 만든다.

F. 고객들은 기존의 상품과 서비스에 어떤 불만을 갖고 있다고 생각합니까?

가격이 비싸다. 어디에 부탁해야 될지 잘 모르고 있다. 재해로 집이 무너지면 어떻게 하나? 월급이 줄면 어떡하나? 영업사원이 너무 집요하다. 집에 결함이 있을까 두렵다.

G. 어떻게 하면 고객이 만족할까요?

견적을 정직하게 작성한다. 지불 상한선을 정한다. 강매를 하지 않는다. 선택지가 있는 상품을 만든다. 기존 고객의 의견과 평가를 소개한다. 기존 고객과 상담할 수 있는 장을 만든다.

H. 어떻게 하면 실천할 수 있을까요?

내용을 정리해서 상사에게 상담한다. 최근에 집을 지어본 경험이 있는 고객과 상담해본다. 은행 담당자의 이야기를 들어본다.

지금까지 두 가지 주제에 대한 질문을 소개했다.

3장에서 소개한 '나 홀로 회의'의 세 가지 주제인 '자신의 과제 가시화하기', '문제 해결하기', '의욕과 실천력 고취시키기'를 '질문 아이디어 회의'에서 거론해서 모두 함께 해답을 고민해보는 것도 무척 효과적이다.

또 이러한 질문들에 익숙해졌다면 자신들이 직접 질문을 만들어보는 것도 좋을 것이다.

6장

고객에게 질문하기

이 책을 통해 한층 향상된 질문력을 고객들 앞에서 한껏 발휘해보기 바란다. 질문을 능숙하게 잘할 수 있게 되면 힘들여 팔지 않아도 팔리는 '영업 능력'과 숨겨진 니즈를 발굴해내는 '기획력'이 생기고 마침내는 고객의 신뢰를 얻어 '고객이 필요로 하는 만족도 높은 상품'을 만들어내는 능력이 생긴다. 그러면 자연스럽게 고객과의 관계도 개선된다.

상담 성사율이 100%인 이유

우선 질문이 어떻게 영업 능력을 향상시킬 수 있는지 그 이유를 설명해보기로 하겠다.

일반적으로 영업 사원들은 상품을 '팔아야 한다'는 마음이 앞선 나머지 자기도 모르게 말을 많이 하는 우를 범하게 된다.

'저희 상품은 이런 점이 좋습니다', '이런 부분에 세심한 신경을 쏟고 있습니다'라고 말하는 것은 판매하는 측에서 계속 공을 던지는 것과 같다. 하지만 상대가 그 공을 받아들일 준비가 되어 있지 않다면 그 공은 성가시기만 할 뿐이다. 그럴 때는 공을 던지면 던질수록 역효과가 난다.

따라서 상대가 어떤 공을 받고 싶어 하는지 먼저 파악하는 것이 중요하다. 그렇게 되기 위해서는 고객에게 질문을 많이 하는 것이 효과적이다.

가령, "최근 경영 상태는 어떻습니까?", "제 주변에 이런 사례가 있었는데, 귀사는 어떤가요?"라는 식으로 대화를 시작하면 상대방은 벽을 허물고 자신의 고민을 터놓게 된다. 이때 필자는 오로지 듣는 역할에만 충실을 기한다.

고객이 자신의 고민을 다 털어놓고 나면 그때서야 새삼 자신에게 그런 고민이 있었다는 것을 인식하게 된다. 그 단계에서 필자는 이런 질문을 한다.

"그 고민을 해결할 수 있는 방법이 저한테 있는데 흥미가 있으신가요?"

상대방의 대답은 "그럼요, 당연히 흥미가 있죠!"이다.

자신의 고민을 털어놓은 상대에게 고민을 해결해줄 해법이 있다는 말을 듣게 되면 누구라도 흥미를 갖게 마련이다. 어쩌면 당연한 이치라 할 수 있을 것이다. 중요한 것은, 상대로 하여금 자신이 바라고 있는 것을 본인의 입으로 말하게 해서, 내 서비스가 거기에 최적화되었다는 사실을 납득시키는 것이다.

그것이 성공하면 "그럼, 약속 날짜를 언제로 잡을까요?"라는 순서로 아주 자연스럽게 이끌어가면 된다.

이렇게 자연스러운 흐름이 되기 때문에 필자의 상담은 '성사율 100%'다.

고객은 '물건을 사고 싶은 것'이 아니라 '문제를 해결하고 싶은 것'이다

판매하는 쪽이 상품이나 서비스를 팔고 싶다 해도 상대방의 목적은 다를 수 있다. 상대는 상품이나 서비스를 '사고 싶은' 것이 아니라 단지 자신이 안고 있는 '문제를 해결'하고 싶을 뿐이다.

마케팅의 대가(大家)이자 하버드 비즈니스 스쿨의 교수를 역임한 시어도어 레빗(Theodore Levitt)은 '고객이 원하는 것은 드릴이 아니라 드릴로 뚫은 구멍이다'라는 명언을 남겼다. 드릴을 사는 사람은 기계가 필요한 것이 아니라 단지 구멍을 뚫고 싶은 것이다. 구멍을 뚫을 수 있는 좋은 방법이 있다면 드릴이 아니어도 상관없다는 얘기다. 이 차이를 이해하고 있지 않으면 파는 쪽과 사는 쪽 사이의 틈은 더욱 벌어지기만 할 것이다.

몇 년 전에 다카시마야 백화점의 한 의류 판매 코너에 인공지능(AI)을 탑재한 인간형 로봇이 판매원으로 등장해 화제를 집중시킨 적이 있었다. 20대 여성을 모델로 한 로봇은 고객에게 "어떤 색을 좋아하세요?", "어떤 때 이 옷을 입고 싶으신가요?"라는 질문을 하면서 고객의 니즈와 취향에 맞는 옷을 골라서 권한다고 한다. 이 사례 역시 질문을 통해서 판매하는 방식이다.

일반적으로 백화점 점원들은 '자신이 팔고 싶은 것'을 파는 경우가 많다. 하지만 여러분 같으면 처음 보는 점원한테서 느닷없이 "이 바지, 참 잘 어울리실 것 같은데요?"라는 말을 듣는다면 선뜻 사고 싶은 마음이 들겠는가?

반면에 로봇 판매원은 상대방이 원하는 것이 무엇인지를 질문을 통해서 일일이 물어봄으로써 고객으로 하여금 '내게 지금 필요한 것'을 자각하도록 해준다. 따라서 AI의 성능이 계속 발전한다면 평범한 점원보다 로봇이 물건을 더 많이 파는 시대가 도래할지도 모른다.

고객이 원하는 것을 물어보는 것이 '질문력'이다

질문은 '고객의 만족도를 한층 높여주는 능력'을 갖고 있다.

조금 화제를 바꾸어보기로 하자.

작년에 필자의 부친이 돌아가셨다. 그때 필자가 상주 노릇을 했는데, 장례 절차는 장례회사 측에 일체 맡겼다. 장례식은 숙연하게 장례 절차에 따라 잘 진행되었고 마지막에 모든 참석자들이 한 사람씩 나와서 관 속에 꽃을 한 송이씩 넣는 순서가 되었다. 장례식에서 흔히 볼 수 있는 풍경이다.

하지만 나와 여동생은 꽃을 관에 넣지 않고 지켜보고만 있었다. 장의사가 빨리 아버지께 꽃을 드리라고 재촉했지만, 필자는 그 순간에 꽃을 바치기는커녕 꽃으로 뒤범벅이 된 관에서 꽃을 죄다 밖으로 빼내버리고 싶다는 생각을 하고 있었다.

그도 그럴 것이 아버지는 매년 봄이 되면 심한 꽃가루 알레르기로 무척 고생을 하셨다. 그때마다 고통스러워하시는 아버지를 지켜봐

온 우리로서는 꽃을 바치는 것이 오히려 아버지를 괴롭힌다는 생각이 들었던 것이다. 담당자에게 사정을 얘기한 후 꽃 대신 아버지가 좋아하시던 과일을 넣어드렸다.

그때 들었던 생각은 처음부터 장례회사가 유가족과 장례 절차를 상의할 때 '고인은 어떤 분이셨습니까?'라는 질문을 가족들에게 했더라면 훨씬 더 만족스러운 장례식이 되지 않았을까 하는 것이었다.

이것은 비즈니스의 업종을 불문하고 해당되는 얘기다. 특히 상품을 판매할 때는 혹시 '상대방의 사정이나 의향은 상관하지 않은 채 자신들이 정해놓은 틀 속으로 상대방을 밀어 넣고 있는 것은 아닌지'를 한 번쯤 돌아볼 필요가 있다.

모든 비즈니스는 '자신이 공급 가능한 것'과 '상대가 필요로 하는 것'의 매칭에 의해 성립되는 것이다. 오로지 자신이 하고 싶은 것만 하는 것은 '예술(Art)'이다. 고객의 기분 따위는 일체 신경 쓰지 않고 오로지 자신이 그리고 싶은 것만 그리면 된다.

한편 디자인의 경우는 비슷한 듯하면서도 다르다. 디자인에는 의도와 생각 등 전달하고 싶은 것이 있다. 고객의 기분에 맞추어서 형태로 만들어나가는 것이 디자인이다. 비즈니스는 디자인에 가까울수록 좋은 것 같다.

예측 불가능한 시대를 살고 있는 오늘날에는 고객의 니즈가 날로 다양화되고 있으며 과거의 방식이 더 이상 통용되지 않는다. 그런 때야말로 질문을 잘 활용해서 세상의 변화를 정확히 읽어내고 상품과 서비스에 반영시켜 나가야 한다.

'고객에게 질문하기' 여섯 가지 다짐

실제로 고객에게 어떤 질문을 해야 하는지에 대해 설명하기에 앞서 고객에게 질문할 때 꼭 명심했으면 포인트가 있다. 앞서 2장에서 언급한 '일곱 가지 질문 마인드'와 함께 여섯 가지 다짐을 마음속에 잘 새겨두기 바란다.

'고객에게 질문하기' 6가지 다짐

❶ 고객을 행복하게 해주자.
❷ 마이너스를 없애고 플러스를 늘리자.
❸ 자기답게, 무리하지 말자.
❹ 고객이 '특별히 신경 쓰는 포인트'를 찾아내라.
❺ 고객의 꿈을 펼쳐주어라.
❻ 나라면 어떤 사람한테 물건을 사고 싶을지 생각해라.

고객에게 질문하기 다짐 ①

고객을 행복하게 해주자

필자는 세상에서 가장 부자는 '고맙습니다!'라는 말을 가장 많이 듣는 사람이라고 생각한다. 감사의 말과 매출은 항상 비례한다. 그렇다면 매출을 추구할 것이 아니라 '감사 받기'를 실천하는 것이 더 자연스럽지 않을까. 왜냐하면 감사 받기의 결과가 매출 상승으로 이어지기 때문이다.

상대방을 행복하게 해주기 위해서 나는 상품과 서비스를 제공하고, 그 결과 '감사의 말과 매출을 얻게 된다'는 생각이 중요하다.

'어떻게 하면 상대방을 기쁘게 할 수 있을까?'를 최우선으로 생각하기 바란다. 파는 사람과 사는 사람이 대치 관계로 맞서는 것이 아니라, 파는 사람이 사는 사람 옆에 나란히 서서 사는 사람의 '고민'을 함께 해결하는 협력 관계가 되는 것이 바람직하다.

고객에게 질문하기 다짐 ②
마이너스를 없애고 플러스를 늘리자

그렇다면 어떻게 하면 고객을 행복하게 해줄 수 있을까?

인간에게 행동을 유발시키는 동인(動因)은 딱 두 가지라는 심리학적 견해가 있다. 하나는 '마이너스를 제로로 만들고 싶을 때'이고 다른 하나는 '제로를 플러스로 만들고 싶을 때'라고 한다.

전자는 통증, 고통, 괴로움, 연약함, 고민과 같은 마이너스에서 벗어나고 싶을 때이고, 후자는 기쁨이나 즐거움, 쾌락 등 플러스가 되는 것을 얻고 싶을 때, 즉, 꿈이나 소망을 이루고 싶다고 느낄 때를 말한다.

모든 사람들이 좀 더 행복해지기 위해 마이너스를 제로로 만들고 싶어 하며 제로를 플러스로 만들고 싶어 한다. 하지만 혼자서는 해결하기 힘들기 때문에 돈을 지불해서 누군가에게 대신 부탁하게 된다.
　'자신들이 하는 비즈니스가 어떤 마이너스를 제로로 만들고 있는지', '제로를 어떤 플러스로 만들고 있는지' 등으로 고객에 대한 만족도를 기준으로 해서 정리해 놓는다면 고객을 더욱 만족시킬 수 있는 비즈니스가 될 수 있을 것이다.

> **고객에게 질문하기 다짐 ③**
> **자기답게, 무리하지 말자**

　'스스로에게 질문하기'를 반복함으로써 당신은 이제 자신이 어떤 분야에 가장 자신이 있고 무엇을 좋아하는지에 대해 파악했을 것이다. 자신 없고 잘 하지 못하는 분야를 아무리 필사적으로 해본들 좋아서 하는 사람에게는 당해낼 수가 없다. 그렇다면 자신이 잘하는 것에 집중하는 편이 높은 성취감을 얻을 수 있는 길이다. 따라서 자신이 잘 못하는 것은 무리해서 하지 않겠다고 스스로가 다짐하는 것이 중요하다.
　비즈니스 상담 시에 구매자가 가격이나 납기 등을 무리하게 요구하는 경우가 종종 있다. 일시적으로 그에 응한다 하더라도 무리한 상태로는 오래 갈 수 없다. 왜 그런 가격과 납기가 될 수밖에 없는지에 대해 충분히 설명한 후에 납득시킨다면 상대방도 수긍하고 포기하게 될 것이라고 생각하는 용기가 필요하다.

고객에게 질문하기 다짐 ④
고객이 '특별히 신경 쓰는 포인트'를 찾아내라

인간은 여러 가지 판단 기준을 통해 '구매'를 결정한다. 구매하는 측이 중요시하는 판단 기준은 제각기 다르다. 저렴한 가격이 중요한 사람이 있는가 하면, 브랜드에 집착하는 사람도 있다. 디자인을 중시하는 사람, 질을 중시하는 사람, 새로움을 추구하는 사람 등 다양하다.

제품 구매 여부의 기준이 되는 '상대가 신경 쓰는 포인트'를 질문을 통해서 찾을 수 있다면 상대방이 구매를 결정하는 데 필요한 정보를 정확하게 제공할 수 있게 되며, 마침내 '구매' 결정을 이끌어낼 수 있게 된다.

고객에게 질문하기 다짐 ⑤
고객의 꿈을 펼쳐주어라

고객은 자신이 생각하고 있는 것보다 더 가치가 있다고 생각되는 것을 제안 받게 되면 구매행동으로 쉽게 이어진다고 한다.

가령 건축사무소 같은 데서는 일반적으로 "지금 집세를 얼마 내고 있나요?"라는 이야기로 상담을 시작한다. 그래서 "새로운 집을 짓게 되면 지금의 집세와 같은 정도의 금액을 낸다는 가정 하에 몇 년 간의 대출로……" 등의 현실적이고 이해타산적인 이야기로 이어진다. 거기에는 새 집이 생긴다는 가슴 떨리는 느낌이 파고들 자리가 없다.

하지만 이러한 현실적인 조건들은 일단 뒤로 미뤄두고 '새로운 집에서 최고의 하루 보내기'를 상상하게 만들면 어떨까?

'아침에 일어나 창가에 서서 커피 한잔을 마시고, 차고에는 마음에 드는 오토바이가 있고……' 이런 상상을 하게 되면 '아, 이런 집에 살고 싶다…… 그렇게 되려면 모험을 좀 감수해야 하겠지?'라는 생각이 들게 된다. 고객의 꿈을 함께 고민하면서 그 꿈을 펼쳐나가는 데 일조하는 것은 비즈니스 상담 성공을 위한 중요한 요건이 된다.

고객에게 질문하기 다짐 ⑥

나라면 어떤 사람한테 물건을 사고 싶을지 생각해라

점원이나 영업사원의 첫인상이 나쁘면 '오늘은 안 사고 싶다'는 기분이 된다. 상대방으로부터 물건을 살지 안 살지는 구체적인 이야기를 시작하기 전의 첫인상으로 거의 결정이 난다고 해도 과언이 아니다.

그렇다면 스스로가 고객의 입장이 되어 어떤 상대에게서 물건을 '사고 싶다'는 생각이 들까를 한번 상상해보자. 그 모습에 근접하기 위해 의식적으로 노력하는 것도 중요한 마음가짐이라 할 수 있겠다.

> 질문 실천편

영업 능력을 향상시키는 일곱 가지 질문

여기부터는 영업 능력을 향상시키는, 이른바 '팔기 위한' 구체적인 질문을 소개한다.

고객에게 질문을 하는 것만으로 얼마나 '니즈'를 이끌어내고 사지 않을 이유를 제거하여 결단을 촉구하게 만드는지에 대해 일곱 가지 질문을 통해서 설명해보기로 하겠다.

> 영업 능력을 향상시키는 질문 ①

상대방과의 거리를 좁혀라

'상대에게 "예스"라고 대답하는 횟수가 늘어날수록 상대방을 좋아하게 될 확률이 크다'는 법칙이 있다고 한다.

"오늘은 덥군요", "춥군요"와 같이 아무 의미가 없는 대화에서도 'yes'를 이끌어내는 질문을 하면 상대방의 마음을 무장해제시킬 수 있다. 이것을 한낱 '날씨 얘기'로 폄하하는 것은 옳지 않다. '마음을 허락해도 좋은 상대'라는 생각을 갖게 만들기 위한 준비 단계로서 중요한 방법이라고 할 수 있다.

> 질문 예 (여러분도 어떤 질문이 효과적일지 한번 생각해보기 바란다)

Q. 요즘 날씨가 참 춥죠? 감기에 안 걸리셨어요?

Q. 그 옷 참 잘 어울리시네요. 어디서 사셨어요?

영업 능력을 향상시키는 질문 ②
상대방의 문제를 파악하라

상품이나 서비스가 팔리지 않는 것은 필사적으로 '팔려고만' 하기 때문이다.

팔고자 하는 마음이 지나치게 강하면 상대방에게도 그 마음이 전달되기 때문에 오히려 역효과가 난다. 우선 어깨의 힘을 빼고 고객에게 물건을 팔기 전에 상대방이 무엇을 필요로 하는지, 어떤 문제를 안고 있는지를 먼저 파악하는 것이 중요하다.

필자가 기업 경영자들에게 자주 사용하는 질문은 "그렇게 잘 되고 있으니 아무 문제가 없겠네요?"라는 것이다.

그렇게 말하면 대부분이 "아니오, 아니, 절대 그렇지 않아요"라면서 기다렸다는 듯이 어려움을 계속해서 토로한다.

또 하나는 자기가 자신 있는 분야 쪽으로 바짝 유인해서 질문을 하는 것이다. 나는 아이디어를 내는 것이 특기다. 그래서 "제 주변에는 새로운 아이디어가 나오지 않는다고 고민들을 많이 하는데 귀사의 경우는 어떻습니까?"라고 질문을 한다.

이렇게 상대방의 고민을 이끌어내면서 화제를 자신의 특기 분야로 바꾸어서 질문해보면 효과가 있다.

상대방이 원하는 것을 바로 이끌어내기 위한 질문 중에 "소원이 이루어진다면 어떤 부탁을 하고 싶습니까?"라는 것이 있다. 상대방의 답이 너무 광범위할 때는 '~에 대해서 소원이 이루어진다면'이라는 질문을 통해서 자신이 가장 자신 있는 분야로 한정시켜서 이야기를 풀어나가는 것도 좋은 방법이 될 수 있다.

> **질문 예** (여러분도 어떤 질문이 효과적일지 한번 생각해보기 바란다)
>
> Q. 그렇게 잘 되고 있으니 아무 문제가 없겠네요?
> Q. 지금 내 주변에서 ~에 대해서 힘들어하는 사람이 많던데 귀사는 어떤가요?
> Q. 소원이 이루어진다면 어떤 부탁을 하고 싶습니까?

영업 능력을 향상시키는 질문 ③
고객의 이상형(理想型)을 파악하라

현재의 고민이 '어떻게 해결되는 것이 가장 만족스러울까요?'라는 식으로 문제가 해결된 후의 이상적인 상태를 묻는 질문을 해보자. 그러면 자신에게 얼마나 좋은 일이 일어날 것인지에 대해 구체적으로 상상할 수 있게 되어 고객의 '구매 욕구'를 한층 자극할 수 있다.

서비스를 제공할 때는 '고객과 함께 최종 목표 지점의 이미지를 공유'하는 것이 무엇보다 중요하다. 그렇게 하면 잘못된 방향으로 제안하는 것을 막을 수 있을 뿐 아니라, 보다 나은 상품의 제안으로도 연결되기 때문이다.

어떤 건축사무소는 사무소의 절반을 카페로 만들어 가족들이 함께할 수 있는 공간을 제공했다. 주말에는 '육아맘들의 육아 스트레스 풀기 모임'을 열고 사장도 그곳에 함께 참여해서 고객들의 이야기에 귀를 기울였다.

그때 사장은 "모든 부탁을 다 들어준다면 어떤 집에 살고 싶으세요?"라는 질문을 아이엄마들에게 던졌다. 그랬더니 많은 엄마들에게서 '혼자 있을 공간이 필요하다'라는 대답이 돌아왔다. 사장은 그 니즈를 바로 자사 주택 상품에 반영하여 집안일 하는 중간에 잠깐 혼자만의 시간을 내서 편안하게 휴식을 취할 수 있는 공간을 염두에 두고 1평 정도의 작은 방을 설계해보았다. 그 방에는 양초를 올려놓을 수 있는 작은 테이블과 편안하게 쉴 수 있는 의자를 놓도록 디자인했다. 벽지 색은 놀랍게도 블랙(!)이었다. 검은색이 마음을 안정시키는 효과가 있기 때문이라고 한다.

모델하우스에 이 초미니 방을 만들어서 공개했더니 방문한 사람들의 반향이 엄청나서 이 초미니 방이 설계된 집이 이미 시공에 들어갔다고 한다.

이렇듯 고객의 이상(理想) 속에 상품과 서비스에 관한 힌트가 많이 숨겨져 있다. 그것을 이끌어내기 위해서는 질문을 하는 것이 가장 좋다.

질문 예 (여러분도 어떤 질문이 효과적일지 한번 생각해보기 바란다)

Q. 어떤 결과가 나왔을 때 가장 만족스럽다고 느낍니까?

Q. 어떤 기분을 느끼고 싶습니까?

> 영업 능력을 향상시키는 질문 ④

흥미를 고조시켜라

세 번째 질문까지가 고객의 고민이나 희망사항을 이끌어내는 질문이다. 영업을 하는 데 있어서 여기까지의 시간이 매우 중요하다. 이때 상대방의 생각을 충분히 이끌어내지 못한다면 이후에 어떤 질문을 던져도 효과를 발휘하기 힘들다.

네 번째부터 나오는 질문들은 이쪽에서 제안하는 질문들이다. 이야기의 질(質)이 변하기 때문에 상대방의 고민이나 희망사항을 들은 후에 잠시 사이를 두었다가 질문을 시작하기 바란다.

'그 고민을 제가 해결해드릴 수 있다면 흥미가 있으십니까?'

이 질문은 이미 앞에서도 소개를 했는데, 필자도 자주 사용하는 질문이다. 여기에 덧붙여서 자신이 지금까지 해결해온 사례를 설명하게 되면 신뢰도를 더욱 높일 수 있다.

'질문 ①'에서 '질문 ③'까지를 통해서 고객의 신뢰를 이끌어냈다면 "흥미가 있으십니까?"에 대한 답은 틀림없이 "네, 흥미 있습니다"가 될 것이다.

흥미가 있다고 대답을 했다면 "그럼 이야기를 조금 들어보시겠습니까?"라고 동의를 구한 뒤에 여러분이 판매하는 상품에 대해서 이야기를 한다. 그때 다른 고객들도 똑같은 사례가 있었기 때문에 당신도 그렇게 될 가능성이 크다는 것을 언급하면서 상품 설명을 하게 되면 더욱 자연스럽게 구매 욕구를 자극하게 된다.

질문 예 (여러분도 어떤 질문이 효과적일지 한번 생각해보기 바란다)

Q. 그 고민을 제가 해결해드릴 수 있다면 흥미가 있으십니까?

Q. (흥미가 있다고 하면) 그럼 이야기를 조금 들어보시겠습니까?

영업 능력을 향상시키는 질문 ⑤

구매할 수 없는 이유를 제거하라

비즈니스 상담이 절정에 달하면 고객은 '구매할 수 없는 이유'를 찾기 시작한다.

구매할 수 없는 이유로 가장 많이 내세우는 것은 '비싸다'는 것이다. 따라서 상대가 그런 생각을 갖기 전에 대책을 세우는 것이 좋다.

우선 생각할 수 있는 것은 이쪽에서 구체적인 금액을 제시하기 전에 "만약 사신다면 예산을 어느 정도로 잡고 계십니까?"라는 질문을 한다. 이렇게 질문을 하면 구매하려는 측도 구체적인 예산이 서게 된다. 그때 반드시 이 질문을 하기 바란다.

"고객님이 이 상품을 구입해서 좋은 변화가 생긴다면, 얼마의 가치가 된다고 생각하십니까?"

고객은 아무 생각 없이 금액만 보고 비싸다고 생각하는 경우가 많다. 그 상품이 자신에게 얼마만큼의 가치를 지니고 있는지를 구체적으로 생각하게 된다면, '이 정도의 가치로 본다면 어쩌면 저렴한지도 모르지'라는 생각을 갖게 될 수 있다.

필자의 경우만 해도 그렇다. 필자가 하는 일이 '업체에 가서 질문만 하는 것'이라는 말을 듣게 되면, 한 달에 몇 백만 원이나 되는 금액을 지불하는 것이 당연히 비싸게 느껴질 것이다. 하지만 그 비용을 지불함으로써 직원들이 자발적으로 움직여주고, 사내의 분위기가 활성화됨으로써 침체된 분위기에서 벗어나게 되어 자연스럽게 매출 상승으로 이어진다면 몇 백만 원도 싸다고 생각할 수 있다. 이렇게 구체적인 비교 사례를 제시하면 금액의 가치가 분명해지면서 여러분이 판매하는 상품의 가치를 정확하게 이해시킬 수 있게 된다.

그 밖에도 살 수 없는 이유로 자주 거론되는 것이, '지금은 때가 아니다', '내게 맞는지 어떤지 잘 모르겠다'이다. 따라서 각각의 경우에 대해서 그렇게 생각하지 않도록 대책을 강구해놓는 것이 좋다.

필자가 하고 있는 질문경영 컨설턴트라는 일은 어쩌면 세상에 존재하는 수많은 사업과 비교했을 때 가치를 알기 힘든 사업인지도 모르겠다. "정말로 성과가 있나요?"라는 말을 수없이 듣기 때문이다. 그때 필자는 이렇게 대답한다.

"저의 질문 컨설팅을 받게 되면 어떤 효과가 있을 것 같습니까?"라는 질문을 내 쪽에서 먼저 던져서 좋은 성과를 얻게 된 사례를 설명한다.

> **질문 예** (여러분도 어떤 질문이 효과적일지 한번 생각해보기 바란다)

Q. 만약 이 상품을 사지 않겠다면 그 이유는 무엇입니까?

Q. 만약 이 상품을 사신다면 예산은 어느 정도로 잡고 계십니까?

Q. 이 문제가 해결된다면 어느 정도의 가치가 있다고 생각하십니까?

Q. 이 상품을 구매하면 어떤 효과가 있을 것 같습니까?

영업 능력을 향상시키는 질문 ⑥
구매 욕구를 고조시켜라

여기까지 왔다면 상대방의 구매 욕구는 상당히 고조되었을 것이다. 그렇다면 마지막 결정적 한 방이 남았다. 상대방의 구매 욕구를 자극하는 결정적 한 방은 바로 '특전(特典)'과 '한정(限定)'이다. 그래도 결정을 못해서 마음이 흔들리고 있는 사람에게 '특전'과 '한정'이라는 메시지를 담은 질문으로 '결정'의 스위치를 누르게 할 수 있다.

그때는 왜 '한정 상품'이 되는지에 대한 이유를 제대로 전달하는 것이 효과적이다. 필자가 자주 사용하는 방법은 "고객 한 분 한 분과 좀 더 깊이 있는 대화를 나누기 위해 이번에는 열 명 한정으로 강의를 하려고 합니다"라는 식으로 이유를 밝힌다.

어떤 건축사무소에서는 '토지 물색부터 자금 계획까지 모든 지원을 저희 회사가 다 담당하기 때문에 저희 회사가 지을 수 있는 한계는 1년에 5동뿐입니다. 하지만 마지막까지 고객님을 지원해드리도록 하겠습니다'라는 식으로 마감이 임박했다는 듯이 과장함으로써 망설이는 사람들에게 구매 욕구를 자극하게 된다.

물론 실제로는 일단 고객이 되면 끝까지 관리를 해주기 때문에 오히려 고객이 나중에는 든든한 후원자가 되어주기도 한다. 이 회사를 통해서 집을 지은 사람이 "고객을 모시고 오면 언제든지 집을 보여

드릴게요"라며 적극 협력해준다고 하니 좋은 예라 할 수 있겠다.

> **질문 예** (여러분도 어떤 질문이 효과적일지 한번 생각해보기 바란다)
>
> Q. 지금이 특전을 받을 수 있는 마지막 기회인데 설명을 해드릴까요?
> Q. ○○개 한정인데, 그 이유가 궁금하지 않으세요?

영업 능력을 향상시키는 질문 ⑦

다음 약속을 정하라

결정의 최종 단계에서 강력한 힘을 발휘하는 질문이 있다. 그것은 바로 '언제가 좋습니까?'라는 질문이다.

비즈니스 상담을 할 때 순조롭게 상담을 진행한 뒤에 마지막에 가서 "그러면 연락을 기다리고 있겠습니다"라는 말로 상대방에게 선택을 일임해버리는 경우가 의외로 많은 것 같다. 참으로 안타까운 일이 아닐 수 없다. 이때 "다음 미팅은 언제가 좋을까요?"라는 말을 통해 다음 약속을 정해야 한다.

상대방은 바쁘기 때문에, 또는 거기까지 생각이 미치지 못해서 "검토해보겠습니다"라는 말로 서둘러 자리를 뜰 수도 있다. 하지만 시간이 흐를수록 동기부여가 떨어질 가능성이 높기 때문에 "다음 약속은 언제로 할까요?"라는 질문을 통해서 다음 약속을 반드시 얻어내도록 하자.

상대방에게 의사 결정권이 없는 경우에는 "그러면 담당자에게 설명을 드리기 위해 다시 찾아뵙고 싶은데 언제가 좋을까요?"라고 물어본다. 여기서 중요한 것은 상대방에게 결정권을 맡기기보다는 반드시 다음에 만날 약속을 잡는 것이 중요하다.

그때 "A와 B와 C가 있는데 어느 것이 좋습니까?"라는 식으로 여러 선택지를 제시하면서 그중에서 고를 수 있도록 유도하는 것도 상대방의 결정을 촉구할 수 있는 팁이다.

참고로 어제 필자에게 어머니가, "너랑 같이 홋카이도에 가고 싶은데 봄이 좋을까, 여름이 좋을까?"라고 묻기에 나는 얼떨결에 "여름이 좋지 않을까요?"라고 대답해버렸다. 그러고 나서 생각하니 어머니가 참 대단한 사람이라는 생각이 들었다. 이런 식으로 물어오면 "안 가요"라는 대답을 쉽게 못하게 된다.

> 질문 예 (여러분도 어떤 질문이 효과적일지 한번 생각해보기 바란다)

Q. 다음 약속은 언제가 좋습니까?

Q. A와 B와 C가 있는데 어느 것이 좋습니까?

> 질문 실천편

고객만족도를 높이는 질문

> 고객만족도를 높이는 질문 ①

상대방의 니즈를 깊숙이 파고들어 질문한다

영업을 할 때는 아무래도 새로운 고객을 확보하는 일에 온통 신경을 쓰게 마련인데 사실은 그 전에 해야 할 일이 있다. 그것은 고객만족도를 높이는 일이다.

고객만족도가 높지 않은 상태에서 아무리 신규 고객을 유치하려고 고군분투 해봐야 '빈 독에 물 붓기'에 지나지 않는다. 그 상태에서 아무리 물을 부어도 독은 채워지지 않는다. 따라서 우선적으로 해야 하는 것이 고객만족도를 높이는 것이고, 그것이 나아가서 경영의 안정화로 이어지게 된다.

만족도를 높이기 위해 우선적으로 해야 할 일은 고객의 마음을 알아내는 것이다. 고객이 무엇을 원하고 있는지에 대해 파악이 되지 않으면 아무리 노력해도 고객을 만족시킬 수 없다. 상대방이 무엇을 원하는지 파악한 후에 그것을 충족시켜나가는 것이 중요하다.

고객과 일단 친해지면 상대가 자신에게 어떤 기대를 하고 있는지, 도대체 왜 상품을 사려고 하는지, 평소에 어떤 일로 고민하는지, 상품을 이용한 결과 어떤 상태가 되는 것이 가장 만족스러운지 등에 대해서 물어보자.

거기에서 얻어진 답은 비단 그 고객과의 관계뿐만 아니라, 상품개발이나 신규고객 개척의 아이디어로도 유용하게 활용할 수 있다.

질문 예 (여러분도 어떤 질문이 효과적일지 한번 생각해보기 바란다)

Q. 왜 ~하려고 생각하십니까?

Q. 평소에 어떤 일로 고민하십니까?

Q. 어떤 상태가 되었을 때 가장 만족스럽습니까?

고객만족도를 높이는 질문 ②
무엇을 가장 소중하게 생각하는지 가치관을 물어본다

고객의 만족도를 더욱 높이고 싶다면 '중요하게 생각하는 가치관'을 알아보는 질문을 던지는 것도 효과적이다.

어떤 치과 클리닉의 컨설팅을 했을 때의 일이다. 문진표에 '자세한 설명 받기를 원하십니까, 아니면 설명을 원치 않으십니까?'라는 항목과 '지금까지 치과나 다른 병원에서 안 좋은 인상을 받았거나 안 좋은 경험이 있었습니까?'라는 두 개의 항목이 첨가되어 있었다.

설명보다는 신속한 치료만을 바라는 환자에게 상세한 설명을 하게 되면 괴로움이 되는 반면, 치료에 관해서 자세한 설명을 듣고 싶고 그 편이 안심할 수 있다고 느끼는 환자에게는 자세한 설명을 해주는 것이 환자를 안심시키고 신뢰감을 얻게 된다.

또 두 번째 질문인 지금까지 안 좋은 경험에 대한 질문은 '어떤 상황일 때 안 좋은 느낌이 들었는지'에 대한 중요한 가치관으로 이어지는 질문이라고 할 수 있다. 사전에 알게 되면 그 부분을 만족시키는 상품이나 서비스(이 경우는 치료)를 제공할 수 있다.

필자도 고객과 잡담 중에 "지금까지 싫었던 컨설턴트가 있었나요? 있었다면 어떤 타입이었습니까?"라고 묻곤 한다.

주로 많았던 대답이 '정해진 패턴의 전략을 우리에게 적용시키려만 들고 이쪽 이야기는 전혀 듣지 않았다'고 하는 답이었는데, 가끔 '때로는 직설적으로 얘기해주면 좋은데 이쪽 칭찬만 계속하면서 아무것도 해주지 않았다'고 대답한 사람도 있었다. 그런 답을 듣게 되면 '이 사람에게는 솔직하게 의견을 말하는 것이 좋겠구나'라는 것을 알게 된다.

상대방이 중요하게 생각하는 가치관을 듣게 되면 가려운 곳을 긁어주는 상품이나 서비스를 계속 제안할 수 있게 된다.

> **질문 예** (여러분도 어떤 질문이 효과적일지 한번 생각해보기 바란다)

Q. 당신이 소중하게 생각하는 것은 무엇입니까?

Q. 지금까지 좋았다고 생각했던 것은 무엇입니까?

Q. 지금까지 싫었던 순간이 있었다면 어떤 상황이었습니까?

고객만족도를 높이는 질문 ③
상대방의 기대를 확인한다

고객만족도를 높이기 위해서는 상대방이 자신에 대해서 무엇을 기대하고 있는지를 먼저 파악해야 한다. 그 기대에 부응할 수 있다면 만족도는 한층 높아지기 때문에 노력해야 할 방향이 자연스럽게 정해지게 된다.

"다른 여러 회사 중에서 왜 저희 회사를 선택하셨나요?"

이것은 업종을 불문하고 많은 사람들에게 꼭 시도하기를 바라는 질문인데, 상대방의 기대감과 자신의 가치를 찾아내는 질문이다. 상대방의 기대감을 알게 되면, 자신들이 그동안 좋다고 생각해서 제공하려고 했던 가치와의 차이를 알게 될 때가 있어 깜짝 놀랄 때도 있다.

에스테틱 숍을 경영하는 A씨는 대형 에스테틱 회사에서 오랜 기간 근무한 후에 독립을 했다. 필자는 A씨에게 단골 고객들에게 설문조사를 할 것을 제안했다. 질문은 단 하나다.

"여러 에스테틱 숍이 있는데 왜 저희 가게를 선택하셨나요?"

50~60명 되는 고객들에게 설문조사를 한 결과 가장 많이 나온 답이 '역에서 가깝기 때문'이었다. A씨는 자신이 가진 고도의 기술력이 강점이라고 생각했기 때문에 다소 실망을 하는 기색이었지만 고객이 자신의 가게를 선택한 이유를 알게 되어 그것을 적극 활용했다. 즉, 가게의 홈페이지에 '역에서 가깝다'고 하는 강점을 대대적으로 홍보한 결과 고객 수를 늘릴 수 있었던 것이다.

또한 '누구에게 어떤 식으로 권하고 싶습니까?'라는 질문을 하면 고객은 실제로 새로운 고객을 소개하게 된다.

질문에는 상대방으로 하여금 구체적인 이미지를 떠올리게 해서 그 이미지를 실현할 수 있도록 실제 행동을 촉구하는 힘이 있다.

(질문 예) (여러분도 어떤 질문이 효과적일지 한번 생각해보기 바란다)

Q. 많은 회사 중에 왜 저희 회사를 선택하셨나요?

Q. 오늘 여기 오신 가장 큰 이유는 무엇입니까?

Q. 누구에게 어떤 식으로 권하고 싶습니까?

답은 고객이 갖고 있다

크리스마스가 되면 대학 친구들이 모여서 크리스마스 파티를 하곤 했다. 파티의 참가 조건은 '만원 상당의 선물'을 준비해 오는 것이었는데, 나는 선물을 사러 갈 때마다 항상 뭘 사야 할지 망설여졌다. 여러분도 분명히 그런 경험이 있을 것이다.

선물을 살 때 망설이는 이유는 '선물을 받을 상대'가 누군지 모르기 때문이다. 어떤 사람에게 선물을 해야 하는지를 알게 되면 그 사람이 어떤 것을 필요로 했는지 기억을 더듬어서 그 사람이 기뻐할만한 것을 살 수 있다.

비즈니스에서도 마찬가지다. 상대방을 기쁘게 해주고 그에 대한 대가를 받는 것이 비즈니스라고 한다면, 상대방이 기뻐할지 어떨지의 실마리, 즉, 답을 고객이 갖고 있는 셈이 된다.

'고객 마니아'가 될 정도로 고객에 대해서 잘 알고, 고객의 기분을 내 마음처럼 훤히 읽을 수 있을 정도로 공감하게 되면 상품과 서비스는 자연히 팔리게 된다.

꼭 고객에게 질문을 많이 해서 고객에 대해서 깊이 알고 어떻게 하면 고객을 더욱더 기쁘게 해줄까를 고민하기 바란다.

| 맺는 말 |

"질문을 잘 하게 되면 어떤 것을 얻게 되나요?"

그런 질문을 컨설팅 현장에서 자주 듣게 되는데 그때 저의 대답은 항상 똑같습니다.

"모든 것을 다 얻을 수 있습니다."

물론 원하는 것을 직접 손에 넣을 수는 없습니다. 하지만 질문을 통해서 무엇을 원하는지를 알 수 있게 되고 그것을 손에 넣는 방법을 찾아낼 수 있습니다.

필자 자신도 질문과 처음 만났을 때의 충격을 지금도 생생하게 기억하고 있습니다. 일과 인생에 대해서 많은 고민을 하던 저는 '아, 이것만 있으면 뭐든지 얻을 수 있겠구나! 드디어 마법의 지팡이를 손에 넣었어!'라면서 감격했던 기억이 새롭습니다.

그로부터 6년이 지난 지금까지 저는 질문을 통해서 정말 좋아하고 자신 있는 일을 직업으로 삼아 좋아하는 고객들, 동료들과 함께 이상적인 하루하루를 보낼 수 있게 되었습니다.

저와 저희 회사의 직원들은 '하나라도 더 많은 회사가 그 회사답게, 그곳에서 일하는 사람 하나하나가 그 사람답게 빛날 수 있는 사회'를 만들어 가고 싶다는 생각으로 기업에 질문을 도입시키는 일을 직업으로 삼고 있습니다.

변화가 극심한 오늘날에는 과거에만 집착하는 사람과 기업에게는 무척 힘든 세상이 되었습니다. 하지만 미래 지향적인 사람과 기업에게는 좀처럼 만나기 어려운 좋은 기회(千載一遇)의 시대라고도 할 수 있습니다.

누군가에게 강요당하는 것이 아니라 자기 안에 잠재되어 있는 가치관과 개성, 그리고 생각을 깨닫고 소중하게 생각하면서 더 나은 미래를 만들어나가고 싶습니다.

질문이 바로 그 일에 큰 도움이 되리라는 것을 믿어 의심치 않습니다.

마지막으로 이 책은 저 혼자만의 힘이 아니라 많은 사람들과 함께 썼습니다. 질문을 할 수 있도록 장(場)을 제공해주신 컨설팅 거래처와 세미나 수강생 여러분, 서로 돕고 자극을 받으면서 질문을 크게 키워주고 있는 동료 여러분, 또 저에게 많은 실적과 즐거운 경험, 배움을 가져다준 히로시마의 친구들과 경영인 동료 여러분, 여러 선배님 그리고 저의 활동을 하늘나라에서 지켜봐주신 아버지. 이 모든 분들 덕분에 이렇게 한 권의 책으로 거듭날 수 있었습니다. 저의 사랑을 가득 담아서 감사의 말씀을 드립니다.

대단히 감사합니다.

질문을 통해 얻게 된 사랑의 고리(輪)가 이번에는 여러분을 통해 점점 더 세상 속으로 널리 퍼져나가기를 기도합니다.

― 카와다 신세이

변화를 이끌어내는 질문의 힘
질문력

초판 1쇄 발행 2017년 10월 2일
지은이 카와다 신세이 **옮긴이** 한은미 **펴낸이** 김영범
펴낸곳 (주)북새통·토트출판사
주소 서울시 마포구 방울내로7길 45 (우)03955 **대표전화** 02-338-0117 **팩스** 02-338-7160
출판등록 2009년 3월 19일 제 315-2009-000018호 **이메일** thothbook@naver.com

© 카와다 신세이, 2017

ISBN 979-11-87444-18-3 13190

잘못된 책은 구입한 서점에서 교환해 드립니다.